CHUDENG SHUXUE
FANZHENGFA JIQI YINGYONG

初等数学反证法及其应用

——“数学王国里的孙悟空”丛书系列——

彭璋甫　彭革◆编著

中山大學出版社
SUN YAT-SEN UNIVERSITY PRESS
·广州·

图书在版编目（CIP）数据

初等数学反证法及其应用/彭璋甫，彭革编著．—广州：中山大学出版社，2017.4
（数学王国里的孙悟空）
ISBN 978－7－306－06023－5

Ⅰ．①初…　Ⅱ．①彭…　②彭…　Ⅲ．①中学数学课—教学参考资料　Ⅳ．①G634.603

中国版本图书馆CIP数据核字（2017）第052092号

出 版 人：徐　劲
策划编辑：曾育林
责任编辑：曾育林
封面设计：曾　斌
责任校对：张礼凤
责任技编：何雅涛
出版发行：中山大学出版社
电　　话：编辑部 020－84111996，84113349，84111997，84110779
发行部 020－84111998，84111981，84111160
地　　址：广州市新港西路135号
邮　　编：510275　　传　　真：020－84036565
网　　址：http：//www.zsup.com.cn　　E-mail：zdcbs@mail.sysu.edu.cn
印 刷 者：佛山市浩文彩色印刷有限公司
规　　格：787mm×1092mm　1/16　7印张　150千字
版次印次：2017年4月第1版　2017年4月第1次印刷
定　　价：30.00元

作者简介

彭璋甫 男，1940 年 6 月 23 日生，江西省莲花县人，中共党员．1963 年 7 月毕业于江西师范学院数学系本科，先后在江西省修水县文化教育局、江西省九江师范学校任函授教师、教研员、教研组长、教务主任、副校长．1987 年被评为高级讲师．现已退休，退休前为中共九江师范学校（现九江职业大学）党委委员，主管教学的副校长．参加编写的著作有：《初中数学复习资料》《现代学生学习方法指导》（武汉大学出版社出版）．发表《公倍数、公约数常见题型举隅》《整数分解常见题型解法举隅》《题组教学的作用》《直观教学要注意科学性》等论文近 10 篇.

彭 革 男，1967 年 12 月 15 日生，江西省莲花县人．1984 年获全国高中数学奥林匹克竞赛二等奖．1990 年 7 月毕业于复旦大学数学系本科，获学士学位．先后在江西省九江师范学校、广东省广告公司、南方计算机公司、深圳华为通信股份有限公司、深圳艾默生网络能源有限责任公司任教或任职.

邮编：511484

电话：13610215970

住址：广州市番禺区沙湾镇新碧路芷兰湾五街七座 801

前　　言

但凡不愿学数学的人就是怕做数学题；然而，但凡喜欢数学的人就是从酷爱做数学题开始. 因为数学题浩如烟海、变幻莫测、精彩纷呈，畅游其中趣味无穷，让人留恋、让人痴迷.

其实，“变”是世界的“通性”. 辩证唯物主义者认为，静止是相对的，而运动是绝对的. 事物的运动意味着变化. 人类从原始社会到今天，不仅社会结构、生产方式在不断变化，而且人们的思想观念、生活方式也在变化. 大自然的变化更是剧烈的. 第四世纪冰川使恐龙等一些动物从地球上消失. 在 3 万年前，北京是一片火海，由于海陆反复变迁，大约经过 1 万年，才成为陆地. 位于我国长江入海口的崇明岛，是我国的第三大岛. 但崇明岛原来也不是岛. 据史书记载，由于长江的江水中挟带泥沙，使长江在下游流速变缓，江水失去搬运泥沙的能力，加上海边潮水的顶托，泥沙便大量沉积下来，到了唐初始出露水面，遂成沙洲. 之后泥沙越积越多，使沙洲变成了小岛，又从小岛变成了大岛. 20 世纪七八十年代以来，由于长江上游森林遭到严重破坏，以及人工围垦造田等原因，水土流失使长江水中含沙量急剧增加，长江口有更多的泥沙沉积，崇明岛的面积由 1954 年的 600 多平方公里，猛增到现在的 1000 多平方公里，几乎增大了一倍.

世界上的一切事物都在运动、变化中发展. 数学作为反映事物发展规律的一门科学，自然它的变化也是无穷无尽的.

看过《西游记》的人对孙悟空的印象非常深刻. 孙悟空辅佐唐僧上西天取经获得成功，除了对师傅的一片真心之外，他超凡的功夫是一个重要因素. 而这超凡的功夫，一是在太上老君的八卦炉中炼就的火眼金睛，二是那一个筋斗就是十万八千里的筋斗云，三是七十二变.

如果我们拿学习数学与孙悟空辅佐唐僧上西天取经作一个类比，那么，你要做数学王国里的孙悟空，就必须热爱数学，必须掌握好数学的基础知识、思维方法和思想方法. 因为，掌握好了数学的基础知识，就像孙悟空炼就的火眼金睛，能看清事物的本质；掌握了数学的思维方法，就像孙悟空的筋斗云，站得高，看得远；而掌握了数学的思想方法，就有了孙悟空的七十

二变，掌握了分析、处理和解决数学问题的基本手段.

马克思讲，数学是思维的体操. 体操是讲究变化的. 所以，我们可以毫不夸张地说：学数学最根本的一点就是要学会“变”.

当然，数学的变化、发展有它自身的规律. 就像孙悟空纵有七十二变，但万变不离其宗. 有一回，孙悟空变成一座庙，它的尾巴变成一根旗杆，竖在庙的后面，结果被二郎神识别出来. 因此，我们完全可以掌握解决数学问题的基本思想和方法.

作者认为解答初等数学难题的主要手段是“转化”（“变”）：即将问题化繁为简、化难为易、化未知为已知. 其基本思想方法一是初等数学变换，二是构造法，三是反证法，四是类比、归纳法。如果掌握了这些基本的思想方法，遇到较难的初等数学问题就能迎刃而解.

解答数学中的证明问题一般有两种方法：一种如《初等数学变换法及其应用》和《初等数学构造法及其应用》介绍的，一般从已知条件出发，经过严格的逻辑推理，最后得到结论的直接证法；另一种就是间接证法，而间接证法又分同一法和反证法两种.

反证法则是从否定问题的结论出发，根据已知条件，经严格的逻辑推理，得出一个矛盾的结果，从而肯定原结论正确的一种证明方法. 反证法也是一种“变”，把证题过程从已知条件开始变为从结论开始. 在目前的中考、高考试题中利用反证法解答的问题较少，但在数学竞赛中则有不少题目须用这一方法. 学习反证法，不仅为我们解答数学问题多掌握了一种方法；更重要的是使我们更进一步地认识了逻辑思维的基本规律，思考问题，认识问题更全面了.

本书介绍的初等数学反证法共分为三部分：反证法的相关概念、反证法的应用和反证法的逻辑依据.

本书在编写过程中参考了许多书目及报纸杂志，除本书末已列书目之外，难以一一列举，在此一并表示感谢. 由于作者水平有限，且有些问题尚在探索之中，书中错误和缺点必定不少，恳请广大读者多提出宝贵意见.

作　者

2015 年 12 月 21 日于顺德碧桂园

2016 年 3 月 23 日脱稿

目 录

第一章　反证法的相关概念

反证法是解答数学问题的一种重要的方法，中学教材中对于这一方法略有介绍。但是，什么是反证法？如何应用反证法解答相关的数学问题？哪些问题可以应用反证法来解答以及利用反证法解答相关数学问题时需要注意什么问题？恐怕不一定十分清楚，下面我们来作一一介绍.

§1－1　反证法的定义

在《西游记》中有这样一段描述，有一次，孙悟空为了寻找妖魔藏身的洞穴口，找遍了前山所有的地方，始终没有找到这个洞口，然而，跑到后山，终于发现了.

在解决实际问题的过程中，我们经常会遇到这样的情形. 比如，我们要去同一个目的地，有两条道路可选，一条可直接到达，另一条则需要绕道而行，一般情况下，我们会选择直接到达的路。但是，如果直路布满荆棘、崎岖难行，那我们则宁愿选择曲折但好走的路；如遇上天灾，直路成了一条断头路，那就非走弯路不可.

解答数学中的证明问题，一般也有两种方法，一种如我们在《初等数学变换法及其应用》和《初等数学构造法及其应用》中介绍的大多数情况下使用的方法.

例 1　已知 a，b，c 为不等正数，且 $abc=1$，求证：$\sqrt{a}+\sqrt{b}+\sqrt{c}<\frac{1}{a}+\frac{1}{b}+\frac{1}{c}$.

证明：$\because$ a，b，c 为不等正数，且 $abc=1$.

$$\therefore\ \sqrt{a}+\sqrt{b}+\sqrt{c}=\sqrt{\frac{1}{bc}}+\sqrt{\frac{1}{ca}}+\sqrt{\frac{1}{ab}}$$

$$<\frac{\frac{1}{b}+\frac{1}{c}}{2}+\frac{\frac{1}{c}+\frac{1}{a}}{2}+\frac{\frac{1}{a}+\frac{1}{b}}{2}=\frac{1}{a}+\frac{1}{b}+\frac{1}{c}.$$

从上面的证明过程可以看到，它是由已知条件出发，先将要证明的式子的左边进行恒等变换，然后利用两个不相等的数平方之和大于这两个数之积的两倍这一公式，从而得到结论. 像这种由已知条件出发，经过严格的逻辑推理，从而得出结论的证题方法，叫作直接证法.

然而，并不是所有的数学问题都可以用直接证法加以解决.

例2　对于任意整数，求证：$x^2-4nx+9=0$ 没有整数根.

证明：假设方程有整数解 α 和 β，则有

$$\alpha+\beta=4n \quad (1)$$

$$\alpha\beta=9 \quad (2)$$

由(2)知，α，β 只能从 ±1，±3，±9 中取值，即

$\begin{cases}\alpha=1\\\beta=9\end{cases}$，$\begin{cases}\alpha=-1\\\beta=-9\end{cases}$，$\begin{cases}\alpha=3\\\beta=3\end{cases}$，$\begin{cases}\alpha=-3\\\beta=-3\end{cases}$，$\begin{cases}\alpha=9\\\beta=1\end{cases}$，$\begin{cases}\alpha=-9\\\beta=-1\end{cases}$将这六组值分别代入(1)有

$1+9=4n$，$-1+(-9)=4n$，$3+3=4n$，$-3+(-3)=4n$.

由此可得 $n=\pm\frac{10}{4}$；$n=\pm\frac{6}{4}$. 即 n 不是整数，与已知条件矛盾.

故　对任意整数方程没有整数根.

例3　若 x，y，z 均为实数，且满足 $x+y+z=1$ 及 $x^2+y^2+z^2=\frac{1}{2}$，证明：$z\geqslant0$.

证明：假设 $z<0$，由已知

$x+y+z=1$ 及 $x^2+y^2+z^2=\frac{1}{2}$

即 $x^2+y^2+z^2=\frac{1}{2}(x+y+z)^2$

即 $x^2+y^2+z^2=2(xy+yz+zx)$

亦即 $(x-y)^2+z^2=2z(x+y)$

$\because (x-y)^2+z^2\geqslant0$

$\therefore z(x+y)\geqslant0$

又$\because z<0$(假设)

$\therefore (x+y)\leqslant0$

$\therefore x+y+z<0$，即 $x+y+z\neq1$，与已知 $x+y+z=1$ 矛盾.

故　$z\geqslant0$.

从例2、例3我们可以看到，这两个问题的结论是难以或不能用直接证法加以解决的. 在这里我们先假设原结论的反面成立，然后根据已知条件和

新的假设，进行严格的逻辑推理，得出一个矛盾的结果，并由此肯定原结论成立，这种证题的方法我们把它叫作反证法.

反证法与直接证法都各有优点，不同的只是一个间接一个直接而已，但都必要也都重要.

§1-2　怎样应用反证法证明问题

怎样应用反证法证明有关的数学问题，一般有以下几个步骤：

(1)反设：假设结论的反面成立.

(2)归谬：以假设为前提，根据已知条件进行严格的逻辑推理，推出一个矛盾的结果.

(3)结论：由矛盾的结果说明反设不成立，从而肯定原结论成立.

因为归谬的过程中，推出一个矛盾的结果，有与已知条件相矛盾，与已知定义、公理、定理相矛盾，自相矛盾以及与假设相矛盾等多种情形，所以，下面我们举例说明在各种情况下如何应用反证法.

一、推出与已知条件相矛盾的例

例1　已知$|a|<1$，$|b|<1$，求证$\left|\frac{a+b}{1+ab}\right|<1$.

证明：假设结论不成立，则有$\left|\frac{a+b}{1+ab}\right|\geqslant1$.

即 $|a+b|\geqslant|1+ab|>0$

于是有 $(a+b)^2\geqslant(1+ab)^2$

即 $a^2+2ab+b^2\geqslant1+2ab+a^2b^2$

$a^2+b^2-1-a^2b^2\geqslant0$

也即$(a^2-1)(b^2-1)\leqslant0$

于是有 $\begin{cases}a^2\geqslant1\\b^2\leqslant1\end{cases}$ 或 $\begin{cases}b^2\geqslant1\\a^2\leqslant1\end{cases}$

$\therefore\begin{cases}|a|\geqslant1\\|b|\leqslant1\end{cases}$ 或 $\begin{cases}|b|\geqslant1\\|a|\leqslant1\end{cases}$

这与已知$|a|<1$，$|b|<1$矛盾.

故 $\left|\frac{a+b}{1+ab}\right|<1$.

例2 求证：二次方程 $ax^2+bx+c=0$ 中，a，b，c 都是奇数时，这个方程一定没有整数根.

证明： 显然，方程没有零根，假设方程有非零整数根 α，则

当 α 为奇数时，$a\alpha^2+b\alpha+c=0$，但 a，b，c 为奇数.

$\therefore\ a\alpha^2+b\alpha+c=$ 奇数 + 奇数 + 奇数 $\neq 0$，与已知条件矛盾.

当 α 为偶数时，$a\alpha^2+b\alpha+c=0$，但 a，b，c 为奇数.

$\therefore\ a\alpha^2+b\alpha+c=$ 偶数 + 偶数 + 奇数 $\neq 0$，也与已知条件矛盾.

故　方程没有整数根.

二、推出与定义相矛盾的例.

例3 求证：$A\cap\varnothing=\varnothing$.

证明： 假设 $A\cap\varnothing=\varnothing$ 非空，则必有某一元素 $a\in A\cap\varnothing=\varnothing$.

由此有 $a\in A$ 且 $a\in\varnothing$，后者显然与空集 $\varnothing$ 中不含任何元素的定义相矛盾.

故　$A\cap\varnothing=\varnothing$.

例4 证明：函数 $f(x)=\cos x+\cos\sqrt{x}$ 不是周期函数.

证明： 假设正数 T 是 $f(x)$ 的周期，则

$\cos(x+T)+\cos\sqrt{x+T}=\cos x+\cos\sqrt{x}$ 对一切非负实数都成立.

取 $x=0$，有 $\cos T+\cos\sqrt{T}=2$.

$\therefore \cos T=1$，且 $\cos\sqrt{T}=1$.

于是有 $T=2k\pi(k\in\mathbf{N})$ 且 $T=4n^2\pi^2(n\in\mathbf{N})$.

$\therefore 2k\pi=4n^2\pi^2.\qquad \pi=\dfrac{k}{2n^2}(n,\ k\in\mathbf{N})$.

上式左边是无理数，右边是有理数，故等式不能成立矛盾.

故　$f(x)=\cos x+\cos\sqrt{x}$ 不是周期函数.

三、推出与公理相矛盾的例

例5 平面 α 外的一条直线 a 平行于平面 α 内一直线 b，求证：$a/\!/\alpha$.

证明： $\because a$ 不在平面 α 内，

$\therefore a/\!/\alpha$ 或 a 与 α 相交.

假设 a 与 α 相交于点 A（如图 1－1 所示）

$a/\!/b$，$\therefore A$ 点不在直线 b 上.

在 α 内过 A 点作直线 $c/\!/b$，则

$\because a/\!/b$，$b/\!/c$，$\therefore a/\!/c$，但 a，c 是过 A 的两相交直线，与平行公理矛盾，所以 a 与 α 相交不可能.

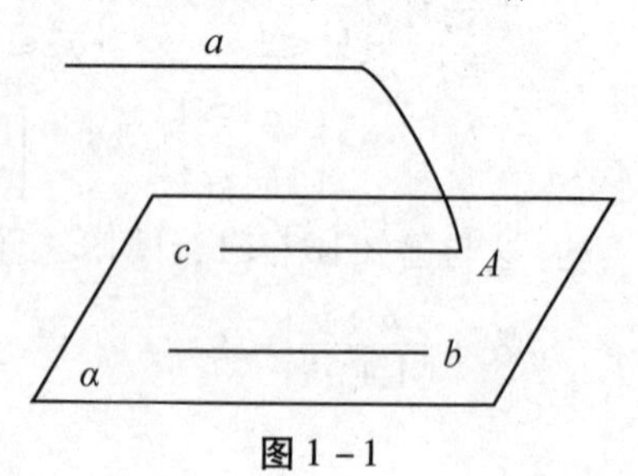

图 1－1

故　$a /\!/$ 平面 α.

例6　证明两相交直线只有一个交点. 已知：如图1-2所示，直线 AB，CD 相交于 O，求证：AB 与 CD 只有一个交点.

证明：假设 AB 与 CD 另外还有一个交点 O'，则 AB 是过 O，O' 两点的直线，而 CD 也是过 O，O' 两点的直线，即过 O，O' 有两条直线，这与已知公理"过两点有且只有一条直线"相矛盾.

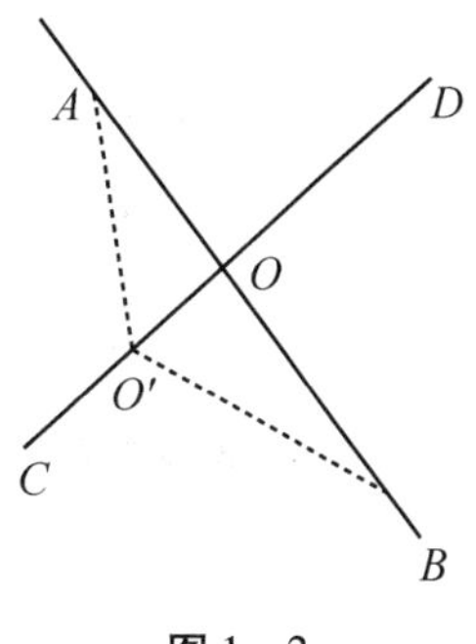

图1-2

故　直线 AB 与 CD 只能有一个交点.

四、推出与定理相矛盾的例

例7　过一点有且只有一条直线垂直于已知直线. 已知：如图1-3所示，A 是已知直线 l 外一点. 求证：过 A 点只能有一条直线垂直于 l.

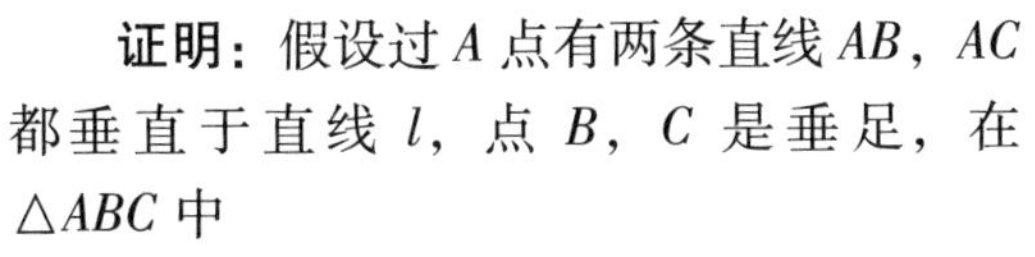

证明：假设过 A 点有两条直线 AB，AC 都垂直于直线 l，点 B，C 是垂足，在 $\triangle ABC$ 中

$\because \angle 1 = \angle 2 = 90^\circ$

$\therefore \angle 1 + \angle 2 + \angle 3 > 180^\circ$，这与定理"三角形三内角之和等于 180°"矛盾.

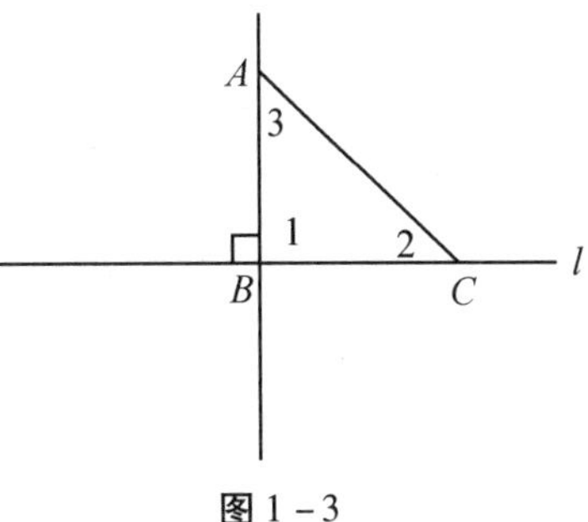

图1-3

故　原命题成立.

五、推出自相矛盾的例

例8　设 $f(x) = x^2 + ax + b$，证明：$|f(1)|$，$|f(2)|$，$|f(3)|$ 之中至少有一个不小于 $\frac{1}{2}$.

证明：$|f(1)| = 1 + a + b$

$|f(2)| = 4 + 2a + b$

$|f(3)| = 9 + 3a + b$

由此可得 $f(1) - 2f(2) + f(3) = 2$.

从而有　$$|f(1)| + 2|f(2)| + |f(3)| \geqslant 2. \tag{1}$$

假设 $|f(1)| < \frac{1}{2}$，$|f(2)| < \frac{1}{2}$，$|f(3)| < \frac{1}{2}$.

则有 $|f(1)| + 2|f(2)| + |f(3)| < \frac{1}{2} + 2 \times \frac{1}{2} + \frac{1}{2} = 2$.

与(1)矛盾.

故　$|f(1)|$，$|f(2)|$，$|f(3)|$ 中至少有一个不小于 $\frac{1}{2}$.

例9　是否存在实数 a，b 使函数 $f(x)=ax+b$ 对所有的 $x\in[0,\ 2\pi]$ 都满足不等式：$[f(x)]^2-\cos x\cdot f(x)<\frac{1}{4}\sin^2 x$.

解：假设存在实数 a，b 满足不等式

$[f(x)]^2-\cos x\cdot f(x)<\frac{1}{4}\sin^2 x$.

即 $[f(x)-\frac{1}{2}\cos x]^2<\frac{1}{4}$.

则 $\left|ax+b-\frac{1}{2}\cos x\right|<\frac{1}{2}$.

令 $x=0$, 2π, 得

$\left|b-\frac{1}{2}\right|<\frac{1}{2}$，$\left|2a\pi+b-\frac{1}{2}\right|<\frac{1}{2}$.

得 $b>0$, $2a\pi+b>0$.

$\therefore\ a\pi+b=\frac{1}{2}[b+(2a\pi+b)]>0$

于是

$$\left|(a\pi+b)-\frac{1}{2}\cos\pi\right|=(a\pi+b)+\frac{1}{2}>\frac{1}{2} \tag{1}$$

但是，另一方面，在 $\left|ax+b-\frac{1}{2}\cos x\right|<\frac{1}{2}$ 中，取 $x=\pi$，得

$\left|(a\pi+b)-\frac{1}{2}\cos\pi\right|<\frac{1}{2}$ 与(1)矛盾.

故　不存在符合条件的 a，b 满足不等式.

六、推出与假设相矛盾的例

例10　**证明**　若对任意的正数 c，恒有 $a\leqslant b+c$，求证：$a\leqslant b$.

证明：假设 $a\leqslant b$ 不成立，则 $a>b$ 即 $a-b>0$，$\frac{a-b}{2}>0$

以 $\frac{a-b}{2}$ 作为 c，代入 $a\leqslant b+c$ 得 $a\leqslant b+\frac{a-b}{2}$，

于是有 $2a\leqslant 2b+a-b$，即 $b\geqslant a$. 这与假设 $a>b$ 矛盾.

故　$a\leqslant b$.

例11　设 $a>2$，给定数列 $\{x_n\}$，其中 $x_1=a$，$x_{n+1}=\frac{x_n^2}{2(x_n-1)}(n\in\mathbf{N})$，求证：

(1) $x_n>2$，且 $\frac{x_{n+1}}{x_n}<1(n\in\mathbf{N})$；

(2)若 $a\leqslant 3$，则 $x_n\leqslant 2+\frac{1}{2^{n-1}}(n\in\mathbf{N})$；

(3)若 $a>3$，则当 $n\geqslant\frac{\lg\frac{a}{3}}{\lg\frac{4}{3}}$时，必有 $x_{n+1}<3$.

证明：(1)(2)证明略.

(3)若 $x_k>3$，则$\frac{x_{k+1}}{x_k}=\frac{1}{2}(1+\frac{1}{x_k-1})<\frac{1}{2}(1+\frac{1}{3-1})=\frac{3}{4}$.

假设当 $n\geqslant\frac{\lg\frac{a}{3}}{\lg\frac{4}{3}}$时，有 $x_{n+1}\geqslant 3$. 则由(1)知

$x_1>x_2>\cdots>x_n>x_{n+1}\geqslant 3$，由上述结论及 $x_1=a$ 可得：

$3\leqslant x_{n+1}=x_1\cdot\frac{x_2}{x_1}\cdot\frac{x_3}{x_2}\cdot\cdots\cdot\frac{x_{n+1}}{x_n}\leqslant a(\frac{3}{4})^n$

即 $n<\frac{\lg\frac{a}{3}}{\lg\frac{4}{3}}$与假设矛盾.

故　若 $a>3$，则当 $n\geqslant\frac{\lg\frac{a}{3}}{\lg\frac{4}{3}}$时，必有 $x_{n+1}<3$.

§1－3　哪些问题可以应用反证法

能够用反证法证明的数学命题很多，初步归纳有如下几个方面.

一、结论为“不是……”“不能……”“没有……”“无……”“……不可约”等否定形式的命题

例 1　求证：$\cos\sqrt{x}$不是周期函数.

证明　若 $\cos\sqrt{x}$是周期函数，那么应存在非零常数 T，使 $\cos\sqrt{x+T}=\cos\sqrt{x}$对一切 $x\geqslant 0$ 都成立.

令 $x=0$，得 $\cos\sqrt{T}=\cos\sqrt{0}=1$.

∴ 存在一个自然数 k_1，使$\sqrt{T}=2k_1\pi$.

$$T=4k_1^2\pi^2.\tag{1}$$

再令 $x=4\pi^2$，得 $\cos\sqrt{4\pi^2+T}=\cos 2\pi=1$

$\therefore$ 存在另一个自然数 k_2，使 $\sqrt{4\pi^2+T}=2k_2\pi$ (2)

由(1)和(2)得 $\sqrt{1+k_1^2}=k_2$，

但 $k_1^2<1+k_1^2<(k_1+1)^2$ 得

$$k_1<\sqrt{1+k_1^2}<k_1+1$$

即 $\sqrt{1+k_1^2}$ 不可能是自然数，与 $\sqrt{1+k_1^2}=k_2$ 矛盾.

故 $\cos\sqrt{x}$ 不是周期函数.

例2 证明：由三个小于1的实数 a，b，c 构成的三个乘积 $(1-a)b$，$(1-b)c$，$(1-c)a$ 不能同时大于 $\frac{1}{4}$.

证明 若 a，b，c 中有一个小于等于0，则三个积中也有一个小于等于0，命题已成立.

今假设 $0<a$，b，$c<1$，而三个乘积都大于 $\frac{1}{4}$.

即 $(1-a)b>\frac{1}{4}$，$(1-b)c>\frac{1}{4}$，$(1-c)a>\frac{1}{4}$.

由第一式得 $(1-a)b\cdot a>\frac{a}{4}$

$\because a$，$(1-a)$ 都是正数，

$\therefore (1-a)a\leqslant\left[\frac{(1-a)+a}{2}\right]^2=\frac{1}{4}$

于是有 $\frac{b}{4}\geqslant(1-a)ab>\frac{a}{4}$，$\therefore b>a$.

同理由第二式、第三式得 $c>b$，$a>c$.

由此可得，$a>c>b>a$，这是不可能的.

故 三个乘积中至少有一个不大于 $\frac{1}{4}$.

例3 不解方程，证明：$x^2-1735x+1979=0$ 无整数根.

证明：假设方程的两根 α，β 是整数，则

$$\begin{cases}\alpha+\beta=1735 & (1)\\ \alpha\beta=1979 & (2)\end{cases}$$

因为1735与1979都是奇数，由(1)知 α，β 必须一奇一偶，而由此(2)式不成立，矛盾.

故 方程无整数根.

二、结论为“至多……”“至少……”“最多……”“最少……”等形式的命题

例4　若a，b，c为实数，$A=a^2-2b+\frac{\pi}{2}$，$B=b^2-2c+\frac{\pi}{3}$，$C=c^2-2a+\frac{\pi}{6}$，证明A，B，C中至少有一个的值大于零（1986年北京市初中数学竞赛题）.

证明：假设A，B，C的值均不大于0，即$A\leqslant 0$，$B\leqslant 0$，$C\leqslant 0$，则$A+B+C\leqslant 0$，

$$\begin{aligned}\text{而}A+B+C&=\left(a^2-2b+\frac{\pi}{2}\right)+\left(b^2-2c+\frac{\pi}{3}\right)+\left(c^2-2a+\frac{\pi}{6}\right)\\&=(a^2-2a+1)+(b^2-2b+1)+(c^2-2c+1)+(\pi-3)\\&=(a-1)^2+(b-1)^2+(c-1)^2+(\pi-3)>0\end{aligned}$$

这与假设$A+B+C\leqslant 0$矛盾.

故　A，B，C中至少有一个的值大于零.

例5　已知a_1，a_2，…，a_8均为正数，且

$$a_1+a_2+\cdots+a_8=20 \quad (1)$$

$$a_1\cdot a_2\cdot\cdots\cdot a_8=4 \quad (2)$$

试证：a_1，a_2，…，a_8中至少有一个数小于1（1979年湖北省中学数学竞赛第二试第五题）.

证明：假设a_1，a_2，…，a_8都不小于1，则可设

$a_i=1+b_i(b_i\geqslant 0，i=1，2，\cdots，8)$

再由(1)可得$b_1+b_2+\cdots+b_8=12$

$$\begin{aligned}\text{于是}a_1a_2\cdots a_8&=(1+b_1)(1+b_2)\cdots(1+b_8)\\&=1+(b_1+b_2+\cdots+b_8)+\cdots+b_1b_2\cdots b_8\\&\geqslant 1+(b_1+b_2+\cdots+b_8)=1+12=13\end{aligned}$$

这与条件(2)矛盾

故　a_1，a_2，…，a_8中至少有一个数小于1.

例6　求证：方程$ax^2+bx+c=0(a\neq 0)$至多有两个根.

证明：假设方程有三个根x_1，x_2，x_3，且它们两两不等，

则$ax_1^2+bx_1+c=0 \quad (1)$

$ax_2^2+bx_2+c=0 \quad (2)$

$ax_3^2+bx_3+c=0 \quad (3)$

由(1)-(3)，并利用假设$x_1\neq x_2$，得

$a(x_1+x_2)+b=0 \quad (4)$

由(1)－(3)，并利用假设 $x_1 \neq x_3$，得

$$a(x_1+x_3)+b=0 \tag{5}$$

由(4)－(5)，并利用 $a\neq 0$，得

$x_2=x_3$，这与假设矛盾.

故　$ax^2+bx+c=0(a\neq 0)$至多有两个根.

三、结论为“必然……”“必……”“一定……”“总……”等形式的必然性或存在性命题

例7　若某自然数N的各位数码在适当改变顺序后所得的数与N之和等于10^{10}，证明该数能被10整除.

证明：原数应由10个数码组成，各位数码依次为 a_1，a_2，…，a_{10}，改变顺序后各位的数码为 a_1'，a_2'，…，a_{10}'.

假设原数不能被10整除，即 $a_{10}\neq 0$，那么由所设条件有：

$a_{10}+a'_{10}=10$，$a_9+a'_9=9$，…，$a_2+a'_2=9$，$a_1+a'_1=9$

由于 $a_1+a_2+\cdots+a_{10}=a'_1+a'_2+\cdots+a'_{10}$.

$\therefore 2(a_1+a_2+\cdots+a_{10})=91$.

此式左边为偶数，右边为奇数，不可能成立，矛盾.

故　该数能被10整除.

例8　若 x_1，x_2，…，x_n，x_{n+1} 均为小于1的非负实数，试证：其中一定存在两个数，其差的绝对值小于$\frac{1}{n}$.

证明：不妨设 $x_1<x_2<\cdots<x_n<x_{n+1}$，

假设这 $n+1$ 个数中任意两个数的差的绝对值都不小于$\frac{1}{n}$.

则 $x_{i+1}-x_i\geqslant\frac{1}{n}(i=1,2,\cdots,n)$

$$\begin{aligned}\therefore x_{n+1}&=x_1+\sum_{i=1}^{n}(x_{i+1}-x_i)\\&\geqslant x_1+n\cdot\frac{1}{n}=x_1+1\end{aligned}$$

$\because x_1=0$，$\therefore x_{n+1}\geqslant 1$ 与题设矛盾.

故　一定存在两个数，其差的绝对值小于$\frac{1}{n}$.

例9　共有9名男女学生，每人佩戴一枚奖章，号码依次从1到9，求证：不论号码如何分配，一定有一个男(或女)生的奖章号码是另外两个男(或女)生号码的等差中项.

证明： 设男、女生的号码分别用正、负数表示，则问题转化为必有同号的三数成等差数列.

假设这9个数中没有同号的三个数成等差数列，不妨设+5，这时如果有+4，就不可能有+3和+6，只能是−3和−6．于是，又不可能有−9，只能是+9．既然有+5和+9，就不能有+7，只能是−7；既然有−6和−7，就不能有−8，只能是+8；既然有+8和+5，就不能有+2，只能是−2．由于有−3和−2，就不能有−1，只能是+1．但由于有+9和+5，也不能为+1，矛盾.

这时若有+4，则有−4；若有+6，由于有+5，+6，而不能有+7，只能有−7，因此不能有−1，只能有+1．由于有+1，+5，而不能有+3，只能有−3．由于有−4，−3而不能有−2，只能有+2．由于有+5，+2，而不能有+8，只能有−8．由于−7，−8而不能有−9，只能有+9．但由于+1和+5，不能有+9，又有矛盾.

这时如果没有+4和+6，便有−4和−6，因此只能有+2和+8，然而+2，+5，+8又与自设相矛盾.

如果先设−5，只要在上述讨论中交换正、负号，同样得到矛盾的结果.

综上所述，故命题得证.

四、结论为“唯一……”“只有……”“……唯一的”等形式的唯一性的命题

例10　已知对任意给定的正整数 n，存在整数 p，q，$0\leqslant q<p$，使得 $n=\frac{1}{2}p(p-1)+q$，求证：满足条件的数对 p，q 是唯一的.

证明： 假设存在两对整数 p_1，q_1 与 p_2，q_2（$p_1\neq p_2$，或 $q_1\neq q_2$）都满足条件，不妨假设 $p_1\neq p_2$，且 $p_1<p_2$，则

$$\begin{aligned}n&=\frac{1}{2}p_1(p_1-1)+q_1<\frac{1}{2}p_1(p_1-1)+p_1\\&=\frac{1}{2}p_1(p_1+1)\leqslant\frac{1}{2}p_2(p_2-1)\leqslant\frac{1}{2}p_2(p_2-1)+q_2.\end{aligned}$$

这与题设发生矛盾.

$$\therefore p_1=p_2,\ q_1=n-\frac{1}{2}p_1(p_1-1)=n-\frac{1}{2}p_2(p_2-1)=q_2.$$

故　满足条件的 p，q 是唯一的.

例11　试证：开普勒方程 $x=\sin x+c$（其中 c 是常数）的解是唯一的.

证明： 显然，直线 $y=x-c$ 与正弦曲线 $y=\sin x$ 必有交点，故方程必有解.

假设方程的解不是唯一的，即至少有两个解 x_1，x_2（$x_1\neq x_2$）代入方程，相减，得

$$x_1-x_2=\sin x_1-\sin x_2=2\cos\frac{x_1+x_2}{2}\sin\frac{x_1-x_2}{2}.$$

但 $\left|\sin\frac{x_1-x_2}{2}\right|<\left|\frac{x_1-x_2}{2}\right|$

$\therefore\ |x_1-x_2|<2\left|\cos\frac{x_1+x_2}{2}\right|\cdot\frac{|x_1-x_2|}{2}.$

得 $\left|\cos\frac{x_1+x_2}{2}\right|>1$ 与 $\left|\cos\frac{x_1+x_2}{2}\right|\leqslant 1$ 矛盾.

故　方程 $x=\sin x+c$ 的解是唯一的.

五、结论为“无穷……”“无限……”“无数……”等形式的所涉对象为无限的命题

例 12　证明形如 $6n+5(n\in\mathbf{N})$ 的素数有无限个.

证明：首先不难用数学归纳法证明

$(6k_1+1)(6k_2+1)\cdots(6k_n+1)=6k+1$，其中 k_1，k_2，…，$k_n\in\mathbf{N}$.

假设形如 $6n+5$ 的素数只有有限个，记 p_1，p_2，…，p_r，则奇数

$$Q=6p_1p_2\cdots p_r-1 \tag{1}$$

一定含有素因子 $6p+5$.

事实上，因奇数的素因子的形状只有 $6p+1$，$6p+5$，如果 Q 不含形如 $6p+5$ 的素因子，则

$Q=(6k_1+1)(6k_2+1)\cdots(6k_n+1)$，$k_1$，$k_2$，…，$k_n\in\mathbf{N}$，故存在 $k\in\mathbf{N}$，使得 $Q=6k+1$.　　(2)

(1) 与 (2) 矛盾，故 Q 含有素因子 $6p+5$，依假设有 $(6p+5)\cdot|6p_1p_2\cdots p_r$，$(6p+5)|Q$，从而 $(6p+5)|(6p_1p_2\cdots p_r-Q)=1|$，导致矛盾.

故　命题结论成立.

例 13　设实数 a_0，a_1，a_2，…，a_{n-1}，a_n，满足 $a_0=a_n=0$，$a_0-2a_1+a_2\geqslant 0$，$a_1-2a_2+a_3\geqslant 0$，…，$a_{n-2}-2a_{n-1}+a_n\geqslant 0$，证明：全部 $a_k\leqslant 0(k=1, 2, \cdots, n-1)$.

证明：假定不是全部 $a_k\leqslant 0(k=1, 2, \cdots, n-1)$，由于 $a_0=0$，设 a_r 是 a_1，a_2，…，a_{n-1} 中第一个出现的正数，即

$a_1\leqslant 0$，$a_2\leqslant 0$，…，$a_{r-1}\leqslant 0$，$a_r>0$

则 $a_r-a_{r-1}>0$，由题设条件 $a_{k+1}-a_k\geqslant a_k-a_{k-1}(k=1, 2, \cdots, n-1)$，则从 $k=r$ 起，有

$a_r-a_{r-1}>0$，$a_{r+1}-a_r>0$，…，$a_n-a_{n-1}>0$，

得 $0<a_r<a_{r+1}<\cdots<a_n$，与 $a_n=0$ 矛盾

故　a_1，a_2，…，a_{n-1}中不可能出现正数，

即全部 $a_k \leqslant 0(k=1, 2, \cdots, n-1)$.

六、结论涉及无理数的命题

例 14　试证：$\sqrt{3}$是无理数.

证明：假设$\sqrt{3}$是有理数，则$\sqrt{3}$一定可以表示成一个既约分数，

设$\sqrt{3}=\dfrac{q}{p}$(p，q 为互质的正整数)

则 $3=\dfrac{q^2}{p^2}$，$3p^2=q^2$，因为 3 是素数，所以 q 是 3 的倍数，设 $q=3m$(m 为整数)，代入 $3p^2=q^2$，得 $p^2=3m^2$，这样 p 又是 3 的倍数，与 p，q 为互质的正整数矛盾.

故　$\sqrt{3}$是无理数.

例 15　求证：$\log_2 5$ 是无理数.

证明：假设 $\log_2 5$ 是有理数，则 $\log_2 5=\dfrac{m}{n}$(m，n 为互质的正整数)，于是有 $2^{\frac{m}{n}}=5$，即 $2^m=5^n$.

但不论 m，n 为任何值，上式左边永远为偶数，而右边永远为奇数，这个等式不可能成立.

故　$\log_2 5$ 是无理数.

七、某些逻辑问题

例 16　要分配 A，B，C，D，E 五人中若干人去执行某项任务，分配时需要考虑下列条件：

(1)若 A 去，则 B 也去；

(2)D，E 两人中至少有一人去；

(3)B，C 两人中只去一人；

(4)C，D 两人，或都去，或都不去；

(5)若 E 去，则 A，D 都去.

问应该分配谁去？

解：假设 A 去，由(1)知 B 也去，由(3)知 C 必不去，由(4)知 D 也不去，由(2)知 E 也去；而由(5)知 D 也去，与前 D 也不去矛盾.

假设 B 去，由(3)知 C 就不去，由(4)知 D 也不去，由(2)知 E 必去；而由(5)知 D 又都去，也与前 D 也不去矛盾.

假设 E 去，由(5)知 A，D 都去，由(1)知 B 去，由(4)知 C 去，即 A，B，C，D 都去，这与(2)、(3)矛盾.

由上可知 A，B，E 都不能去，现若让 C，D 去，易知所给五个条件都满足，所以应分配 C，D 去.

八、某些不等式的问题

例 17 已知 $a^2+b^2+c^2=1$，$x^2+y^2+z^2=1$，且 $\frac{x}{a}$，$\frac{y}{b}$，$\frac{z}{c}$ 互不相等，求证：$ax+by+cz<1$.

证明：假设 $ax+by+cz \not< 1$，则 $ax+by+cz \geqslant 1$.

于是有 $-2ax-2by-2cz \leqslant -2$.

又∵ $a^2+b^2+c^2=1$

$x^2+y^2+z^2=1$

三式相加，得 $(a-x)^2+(b-y)^2+(c-z)^2 \leqslant 0$.

∵ $(a-x)^2 \geqslant 0$，$(b-y)^2 \geqslant 0$，$(c-z)^2 \geqslant 0$.

∴ 只有 $(a-x)^2+(b-y)^2+(c-z)^2=0$.

由此得 $a=x$，$b=y$，$c=z$.

于是有 $\frac{x}{a}=\frac{y}{b}=\frac{z}{c}=1$，与已知 $\frac{x}{a}$，$\frac{y}{b}$，$\frac{z}{c}$ 互不相等矛盾.

故 $ax+by+cz<1$.

例 18 函数 $f(x)$ 在 $[0, 1]$ 上有意义，且 $f(0)=f(1)$，如果对于不同的 x_1，$x_2 \in [0, 1]$，都有 $|f(x_2)-f(x_1)|<|x_2-x_1|$，求证：

$|f(x_2)-f(x_1)|<\frac{1}{2}$（1983 年全国各省、市、自治区高中联合数学竞赛试题）.

证明：假设至少存在一组不同的 x_1，$x_2 \in [0, 1]$（不妨设 $x_1<x_2$）使得 $|f(x_2)-f(x_1)| \geqslant \frac{1}{2}$.

由已知条件得

$$\begin{aligned}|f(x_2)-f(x_1)| &= |f(x_2)-f(x_1)+f(0)-f(1)| \\ &< |f(x_2)-f(1)|+|f(0)-f(x_1)| \\ &< |x_2-1|+|0-x_1| \\ &= 1-x_2+x_1=1-|x_2-x_1| \\ &< 1-|f(x_2)-f(x_1)|\end{aligned}$$

即 $2|f(x_2)-f(x_1)|<1$

∴ $|f(x_2)-f(x_1)|<\frac{1}{2}$，这与假设矛盾.

故 原命题成立.

九、其他问题

例 19　直升飞机上一点 P 在地平面 M 上的正射影是 A，从 P 看地平面上物体 B(不同于 A)，直线 PB 垂直于飞机窗玻璃所在的平面 N(如图 1－4 所示)．证明：平面 N 必与平面 M 相交，且交线 l 垂直于 AB[1980 年全国高考数学试题(理)第五题]．

证明：假设平面 N 与平面 M 平行，则 PA 也垂直于 N，因此 PA 与 PB 重合，但这与题设矛盾，所以平面 N 与平面 M 相交．

设平面 N 与平面 M 的交线为 l，

$\because PA\perp$ 平面 M　　　$\therefore PA\perp l$

又 $\because PB\perp$ 平面 N　　　$\therefore PB\perp l$

$\therefore l\perp$ 平面 PAB　　　$\therefore l\perp AB$

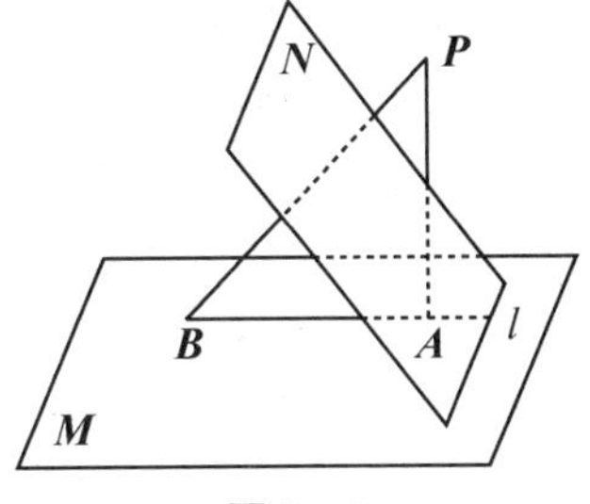

图 1－4

例 20　把大小两个圆盘各划成 $2n$ 个相等的扇形格，在每格都着以黑色与白色中的任一种颜色，着以同一种颜色的格数，两盘总计皆为 $2n$，然后，把它们的圆心固定在一起，使小盘在上成一转盘．试证：可将小盘转到一适当位置使二盘的扇形对齐，这时二盘对应格子颜色不同的不少于 n 对．

证明：假设小盘各格为 x_1，x_2，…，x_{2n}，大盘各格为 y_1，y_2，…，y_{2n}，且以取值 -1 表示着以黑色，取值 $+1$ 表示着以白色，如果格子对齐的任何位置，不同颜色重叠在一起的格子对都少于 n，则

$x_1y_1+x_2y_2+\cdots+x_{2n}y_{2n}>0$

$x_1y_2+x_2y_3+\cdots+x_{2n}y_1>0$

…………

$x_1y_{2n}+x_2y_1+\cdots+x_{2n}y_{2n}>0$，

把全部不等式相加得

$$\left(\sum_{i=1}^{2n}x_i\right)\left(\sum_{i=1}^{2n}y_i\right)>0$$

但这是不可能的，因为若小盘有 k 个白格($0\leqslant k\leqslant 2n$)，$2n-k$ 个黑格，则大盘就有 $2n-k$ 个白格，k 个黑格，从而

$$\sum_{i=1}^{2n}x_i=k-(2n-k)=2k-2n.$$

$$\sum_{i=1}^{2n}y_i=(2n-k)-k=2n-2k.$$

$$\therefore\left(\sum_{i=1}^{2n}x_i\right)\left(\sum_{i=1}^{2n}y_i\right)=-(2n-2k)^2\leqslant 0$$

与上式矛盾.

故　原命题成立.

§1－4　应用反证法须注意的问题

应用反证法解答数学命题须注意的问题主要从证题的前两个步骤来考虑.

一、对命题结论的否定要“彻底”

要找出结论的全部相反情况，注意既不要重复(互不相容)，又不要漏掉(要完备). 如果结论的反面只有一种情形，我们对其进行归谬，最后得到结论. 这种反证法也叫归谬法. 如果结论的反面不止一种情况，如“$a=b$”的反面就有“$a>b$”或“$a<b$”两种. 这时就必须对每一种情况进行归谬.

例1　如果正实数 a，b，满足 $a^b=b^a$，且 $a<1$，证明：$a=b$. [1983年全国高考数学试题(理)第九题(2)].

证明：假设 $a\neq b$，则 $a<b$ 或 $a>b$

1°　若 $a<b$，则 $\frac{b}{a}>1$，但因 $a<1$，根据对数函数性质得 $\log_a b<\log_a a=1$，从而 $\frac{b}{a}>\log_a b$.

而由 $a^b=b^a$ 可得 $\frac{b}{a}=\log_a b$ 与上式矛盾.

所以 a 不能小于 b.

2°　若 $a>b$，则 $\frac{b}{a}<1$，而 $\log_a b>1$，这也与 $\frac{b}{a}=\log_a b$ 矛盾.

所以 a 也不能大于 b.

故　$a=b$.

例2　设在$\triangle ABC$ 中，$AB=AC$，P 为这个三角形内的一点，且$\angle APB>\angle APC$，求证：$\angle BAP<\angle CAP$.

证明：如图1－5所示，假设$\angle BAP\not<\angle CAP$，

则必有$\angle BAP=\angle CAP$ 或$\angle BAP>\angle CAP$.

1°　若$\angle BAP=\angle CAP$，显然有

$\triangle BAP\cong\triangle CAP$.

$\therefore\ \angle APB=\angle APC$ 与已知条件矛盾.

所以$\angle BAP\neq\angle CAP$.

2°　若$\angle BAP>\angle CAP$，则 $BP>PC$.

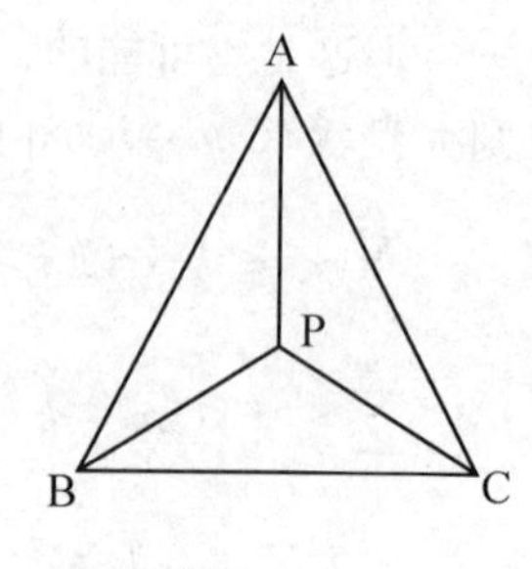

图1－5

$\therefore \angle PBC < \angle PCB$，又$\angle ABC = \angle ACB$.

$\therefore \angle ABP > \angle ACP$.

于是有$\angle ABP + \angle BAP > \angle ACP + \angle CAP$.

$180° - (\angle ABP + \angle BAP) < 180° - (\angle ACP + \angle CAP)$

即$\angle APB < \angle APC$与已知条件矛盾.

所以$\angle BAP \ngtr \angle CAP$.

由1°，2°可知，只有$\angle BAP < \angle CAP$.

从例1、例2可以看到，如果命题结论的反设不止一种情况，那就要把所有的情形一一列举出来，并逐一进行归谬，推出矛盾的结果，从而肯定原结论成立，这种反证法又叫作穷举法.

因此，反证法有归谬法和穷举法两种. 当结论的反面有无穷多种情况时，一般不要用反证法.

另外，若命题结论中是“至少……”或“至多……”这种形式，反设时要仔细分析其含义，找出结论的所有可能情形，做出恰如其分的假设. 例如：“求证一个三角形中，至少有一个内角大于或者等于60°”. 这里的结论“至少有一个内角大于或者等于60°”，“至少有一个”的含义包括“有一个”“有两个”“有三个”三种情况，它的否定是“一个都没有”，因此“反设”应为“假设三角形所有的角都小于60°”。又如“三角形中最多有一个角是直角或钝角”。这里“最多有一个”包含“只有一个”和“一个都没有”两种情况，它的反面包括“有两个”“有三个”两种情形，合起来就是“至少有两个”，因此，反设应为“假设三角形中至少有两个角是直角或钝角”.

如果命题的结论是全称判断形式，如“全……”“都……”“任何……”“所有……”“全部……”等，反设时应把“不”字加在全称判断词“全”“都”“任何”等的前面，而不要放在后面. 如“两个数都是偶数”的“反设”应为“两个数不都是偶数”，它包含有“一奇一偶”和“两奇”两种情况. 若错误地“反设”为“两个数都不是偶数”就只有“两奇”一种情况.

二、归谬是反证法的主要部分，也是反证法的核心

在归谬的过程中一定要注意以下几点：一是要把“反设”当成新的已知条件，才能推出矛盾的结果，否则就得不到矛盾的结果；二是在归谬过程中一定要利用已知条件，如果没有利用已知条件，要么推不出矛盾的结果，要么不能判断所推出的结论是否错误；三是在归谬过程中，推理要严格，合乎逻辑，推出的矛盾要鲜明、形式化，推理应无懈可击，其矛盾的产生并非别的原因，就是因反设不成立所致.

三、反证法中的结论是指所证命题的结论

在证题下结论时一是不能用中间结论代替最后结论，二是不能用局部结论代替完全结论.

四、反证法与直接证法是解答数学问题的两种不同方法

两种方法都不是万能的，都有其局限性. 在解答具体问题时应遵循哪一种方法简便就用哪一种，有些问题一部分结论使用反证法比较容易，而另一部分使用直接证法比较容易，这时可以考虑直接证法和反证法合用，如前§1－3节中的例19　下面再举两个这方面的例子.

例3　试证明：在平面上所有通过点$(\sqrt{2}, 0)$的直线中，至少通过两个有理点（有理点指坐标x，y均为有理数的点）的直线有一条且只有一条.

证明：存在性（直接证法）.

因为直线$y=0$显然通过点$(\sqrt{2}, 0)$，且直线$y=0$至少通过两个有理点，如它通过$(0, 0)$和$(1, 0)$，这说明满足条件的直线有一条.

唯一性（反证法）.

假设除了直线$y=0$外还存在一条直线$y=kx+b$（$k\neq 0$或$b\neq 0$），通过$(\sqrt{2}, 0)$，且该直线通过有理点$A(x_1, y_1)$与$B(x_2, y_2)$，其中(x_1, x_2, y_1, y_2)均为有理数.

因为直线$y=kx+b$通过$(\sqrt{2}, 0)$，所以$b=-k\sqrt{2}$.

于是$y=k(x-\sqrt{2})$，且$k\neq 0$.

又直线通过$A(x_1, y_1)$和$B(x_2, y_2)$，

$$\therefore y_1=k(x_1-\sqrt{2}) \tag{1}$$

$$y_2=k(x_2-\sqrt{2}) \tag{2}$$

(1)－(2)得

$$y_1-y_2=k(x_1-x_2) \tag{3}$$

因为A，B是两个不同的点，且$k\neq 0$，所以$x_1\neq x_2$，$y_1\neq y_2$，

由(3)得$k=\dfrac{y_1-y_2}{x_1-x_2}$. 且$k$是不等于0的有理数.

但由(1)得$\sqrt{2}=x_1-\dfrac{y_1}{k}$

此式左边是无理数，右边是有理数，出现了矛盾.

所以，平面上通过点$(\sqrt{2}, 0)$的直线中，至少通过两个有理点的直线只有一条.

综上所述，满足上述条件的直线有且只有一条.

例 4　已知 m 和 n 是自然数，求证：m^3-n^3 是偶数的充要条件是 $m-n$ 是偶数.

证明： 充分性（直接证法）.

$\because m^3-n^3=(m-n)(m^2+mn+n^2)$

而 $m-n$ 是偶数

$\therefore m^3-n^3$ 是偶数

必要性（反证法）.

假设 $m-n$ 是奇数，则 m 和 n 中必有一个是奇数，另一个是偶数，于是 mn 是偶数，由此可以推得 m^2+mn+n^2 也是奇数，所以 $(m-n)(m^2+mn+n^2)$ 也是奇数.

但 $(m-n)(m^2+mn+n^2)=m^3-n^3$，而 m^3-n^3 为偶数，出现了矛盾. 所以 $m-n$ 是偶数.

综上所述，m^3-n^3 是偶数的充要条件是 $m-n$ 是偶数.

习　题　一

1. 若 $m^2(m\in\mathbf{N})$ 能被 2 整除，则 m 也能被 2 整除.

2. 设 $f(x)$ 是一个整系数多项式，试证：如果 $f(0)$ 与 $f(1)$ 都是奇数，那么 $f(x)=0$ 不能有整数根.

3. 如果二次三项式 $a_0x^2+a_1x+a_2\equiv b_0x^2+b_1x+b_2$，那么 $a_0=b_0$，$a_1=b_1$，$a_2=b_2$.

4. 证明：任意改变某一自然数的各位数码的顺序后所得的数与原数之和不能等于 $\underbrace{99\cdots9}_{1979\text{个}}$.

5. 证明：若 a，b，c 和 A，B，C 都是实数，且满足：

$$aC\pm2bB+cA=0 \tag{1}$$

$$ac-b^2>0 \tag{2}$$

则 $AC-B^2\leqslant0$.

6. 过平面外一点作已知平面的平行直线必在过这点且与已知平面平行的平面内.

7. 如果一个四边形有一双对角互补，那么这个四边形必可内接于一圆.

8. 设 $f(x)=x^2+ax+b$，求证：$|f(1)|$，$|f(3)|$，$|f(5)|$ 中至少有一个不小于 2.

9. 四个数 a，b，c，d 的每一个都是正的，且小于 1，证明下列四个乘

积 $4a(1-b)$，$4b(1-c)$，$4c(1-d)$，$4d(1-a)$ 不可能都大于1.

10. 试证适合 $xy+yz+zx=1$ 的实数 x，y，z 必不能满足 $x+y+z=xyz$.

11. 试证明 $y=\sin x$ 的最小正周期是 2π.

12. 证明 $\sin x$ 不能表示为 x 的多项式.

13. 已知多项式 x^3+bx^2+cx+d 的系数都是整数，且 $bd+dc$ 是奇数，证明：这个多项式不能分解为两个整系数多项式的乘积.

14. 设平面上有六个圆，每一个圆的圆心都在其余圆的外部，试证：平面上任一点都不会同时在这六个圆的内部.

15. 设 $a_k \in \mathbf{R}^+$ ($k=1$，2，…，1949，下同) 且 $a_1+a_2+\cdots+a_{1949}=1991$，$a_1a_2\cdots a_{1949}=40$，求证：$a_k$ 中至少有一个小于1的数.

16. 已知 $x>0$，$y>0$ 且 $x+y>2$，则 $\frac{1+y}{x}$ 与 $\frac{1+x}{y}$ 中至少有一个小于2.

17. 设 a，b 都是整数，若方程 $x^2+ax+b=0$ 有有理根，则必为整数.

18. 用方格纸做成一个表格，在每个格子中都填上数字，其中不在边界上的每一数都是相邻四数的算术平均数. 试证：若表中某数比其他各数都大，那么它一定是在表格的边界上.

19. 把数1，2，3，4，5分成任意两组. 试证这两组中，总有一组数里存在这样两个数，它们之差也在此组中.

20. 试证：实系数方程 $a^2x^2+b^2y^2=0$，当 $ab\neq 0$ 时有唯一解：$x=0$，$y=0$.

21. 有一方程组

$$a_{11}x_1+a_{12}x_2+a_{13}x_3=0$$
$$a_{21}x_1+a_{22}x_2+a_{23}x_3=0$$
$$a_{31}x_1+a_{32}x_2+a_{33}x_3=0$$

其系数满足下列条件：

(1) a_{11}，a_{22}，a_{33} 为正数，其余系数都是负数；

(2) 在每个方程中系数之和为正数.

求证：方程组有唯一的一组解.

22. 求证：素数有无限个.

23. 设 $f(x)$ 任一整系数多项式，则数列 $f(1)$，$f(2)$，$f(3)$，……中包含有无穷多个不同的质因数.

24. 求证：$\sqrt{2}$ 是无理数.

25. 求证：$\sqrt{5}$ 不是有理数.

26. 三兄弟在同一天里去探望过一次同一患者，这一天，每个兄弟的妻

子也去探望过一次这位患者，每一兄弟都在患者家中见到两妯娌(即三兄弟妻子中的两个)．试证：总有一兄弟在病友家中见到自己的妻子.

27. 如果 $p^3+q^3=2$，求证：$p+q\leqslant 2$.

28. 设 $a_1\geqslant a_2\geqslant\cdots\geqslant a_n\geqslant 0$，$n\geqslant 3$，且 $a_1+a_2+\cdots+a_n\leqslant 3n$，$a_1^2+a^2+\cdots+a_n^2>n^2$，则 $a_1+a_2+a_3>n$.

29. 在平面内的一条直线如果和这个平面的一条斜线垂直，求证：此直线和这条斜线在平面内的射影垂直(三垂线定理的逆定理).

30. 数 x，y，z 属于区间 $(0，\frac{\pi}{2})$，并且满足下列等式：$\cos y=y$，$\sin(\cos x)=x, \cos(\sin z)=z$，试将 x，y，z 按由小到大的顺序排列.

第二章　反证法的应用

反证法的应用十分广泛，在初等数学中的代数、平面几何、立体几何、平面三角以及平面解析几何中都有应用的足迹.

§2－1　反证法在初等代数中的应用

用反证法证明的初等代数问题主要有数、代数式、方程、不等式、数列、集合以及其他等几个方面的问题. 下面我们将具体举例说明.

一、数的问题

数是数学研究的重要对象，弄清数是什么数，它有哪些重要的性质？是我们研究其他数学问题的基础. 但是，数的有关问题因为已知条件少，用于解答它的依据也不多，所以不能或难以用直接证法来解答这些问题，往往要用到反证法.

例1　求证：$\sqrt{3}+\sqrt{2}$是无理数.

证明：假设$\sqrt{3}+\sqrt{2}=m$是有理数，则$\sqrt{3}=m-\sqrt{2}$.

于是 $3=m^2-2\sqrt{2}m+2$　$\therefore \sqrt{2}=\dfrac{m^2-1}{2m}$.

此式左边是无理数，右边是有理数，这是不可能的.

故　$\sqrt{3}+\sqrt{2}$是无理数.

例2　设N是自然数，且$\lg N$不是整数，求证：$\lg N$是无理数.

证明：假设$\lg N$是有理数，则因为$\lg N$不是整数.

$\therefore \lg N=\dfrac{p}{q}$为纯分数.

$\therefore N=10^{\frac{p}{q}}$　$N^q=10^p=2^p\cdot 5^p$.

于是N只能有2和5的素因数，令$N=2^{\alpha}\cdot 5^{\beta}$，则$2^{\alpha q}\cdot 5^{\beta q}=2^p\cdot 5^p$.

由质因数分解的唯一性知，$\alpha q=p=\beta q$

$\therefore \alpha=\beta=\dfrac{p}{q}$，这与$\alpha$，$\beta$为整数，$\dfrac{p}{q}$为纯分数矛盾.

故　$\lg N$ 是无理数.

例 3　设 $f(x)=x^2+x+p$，$p\in\mathbf{N}$，求证：如果 $f(0)$，$f(1)$，$f(2)\cdots f([\frac{p}{3}])$ 是素数，那么数 $f(0)$，$f(1)$，…，$f(p-2)$ 都是素数.

证明： 若 $0\leqslant x\leqslant p-2$，则

$p\leqslant x^2+x+p\leqslant(p-2)^2+(p-2)+p=(p-1)^2+1$

设 x_0 是使 $f(x)=x^2+x+p$ 为合数的最小的 x 值，且 $0\leqslant x_0\leqslant p-2$，于是 $x_0^2+x_0+p\leqslant(p-1)^2+1$，从而 $x_0^2+x_0+p$ 的最小素数因子 $d_0\leqslant p-1$.

设 $x_0^2+x_0+p=d_0m(m\in\mathbf{Z})$

(1) 如果 $x_0\geqslant d_0$，令 $x'=x_0-d_0$，于是

$x'^2+x'+p=x_0^2+x_0+p-d_0(2x_0-d_0+1)=d_0(m-2x_0+d_0-1)$

由于 $x'^2+x'+p\geqslant p$，$d_0\leqslant p-1$，所以 $m-2x_0+d_0-1>1$，从而 $x'^2+x'+p$ 是合数，且 $0\leqslant x'=x_0-d_0<x_0$. 这与 x_0 的定义相矛盾.

(2) 如果 $x_0<d_0$，令 $x'=d_0-1-x_0$，于是

$$\begin{aligned}x'^2+x'+p&=x_0^2-2(d_0-1)x_0+(d_0-1)^2+d_0-1-x_0+p\\&=x_0^2+x_0+p-d_0(2x_0-d_0+1)\\&=d_0(m-2x_0+d_0-1)\end{aligned}$$

同(1) $x'^2+x'+p$ 是合数，由 x_0 的定义知 $x'\geqslant x_0$，即 $d_0-1-x_0\geqslant x_0$，从而 $d_0\geqslant 2x_0+1$，又因 $d_0\leqslant\sqrt{x_0^2+x_0+p}$　故

$2x_0+1\leqslant\sqrt{x_0^2+x_0+p}$

解之得　$\dfrac{-3-\sqrt{12p-3}}{6}\leqslant x_0\leqslant\dfrac{-3+\sqrt{12p-3}}{6}$

因 $\dfrac{-3+\sqrt{12p-3}}{6}=\dfrac{-1}{2}+\sqrt{\dfrac{p}{3}-\dfrac{1}{12}}<\sqrt{\dfrac{p}{3}}$

$\therefore x_0<\sqrt{\dfrac{p}{3}}$，这与题设矛盾.

故　命题结论成立.

例 4　设 a_1，a_2，a_3，a_4，a_5 和 b 是适合下列条件的整数，

$a_1^2+a_2^2+a_3^2+a_4^2+a_5^2=b^2$.

试证：这些数不能都是奇数.

证明： 若 $a=2m+1$，则 $a^2=4(m+1)m+1$ 是 $8k+1$ 形的数.

假设 a_1，a_2，a_3，a_4，a_5 和 b 都是奇数，代入已知条件的等式，左边为 $8k+5$ 的数，而右边是 $8k+1$ 的数，矛盾.

故　命题成立.

例5　如果一个自然数 m 的平方被3整除，则这个自然数也被3整除.

证明： 若 m 不能被3整除，它可以表示成以下两种形式之一.

$m=3k+1$，或 $m=3k+2$(k 为非负整数).

1°　若 $m=3k+1$，则

$m^2=9k^2+6k+1=3(3k^2+2k)+1.$

由此可知，m^2 不能被3整除，与题设矛盾.

2°　若 $m=3k+2$，则

$m^2=9k^2+12k+4=3(3k^2+4k+1)+1.$

由此可知，m^2 也不能被3整除，也与题设矛盾.

故　原命题得证.

例6　证明：对于任意自然数 n，分数 $\dfrac{21n+4}{14n+3}$ 不可约(第一届国际数学竞赛题).

证明： 假设 $\dfrac{21n+4}{14n+3}$ 可约，则 $21n+4$ 与 $14n+3$ 有最大公因数(设为) $d>1$，则

$21n+4$ 与 $14n+3$ 都能被 d 整除.

$\because 21n+4=(14n+3)+(7n+1)$

$\therefore 7n+1$ 也能被 d 整除.

又 $14n+3=2(7n+1)+1.$

$\therefore$ 1能被 d 整除，这与 $d>1$ 矛盾. 故 $\dfrac{21n+4}{14n+3}$ 不可约.

二、代数式的问题

代数式是初等代数的重要内容，它几乎贯穿于初等代数的始终. 代数式的内容十分丰富，许多问题可以从已知条件出发直接解答出来. 而用反证法来解答的主要有代数式的值的性质(不是求值)、代数式中元素与元素之间的关系、代数式的整除性或可约与不可约等问题. 一句话，都不是“数量型”的问题，而是“概念型”的问题.

例7　设 a，b，c 是正数，试证明 $b+c-a$，$c+a-b$，$a+b-c$ 中，至少有两组是正的.

证明： 假设至少有两组不是正的，不失一般性，设

$b+c-a\leqslant 0$ 和 $a+b-c\leqslant 0$.

两式相加，得$(b+c-a)+(a+b-c)\leqslant 0.$

即 $2b\leqslant 0$，$b<0$ 与已知 $b>0$ 矛盾.

故　已知的三个式子中至少有两个都是正的.

例 8　若不可约分数 $\frac{p}{q}$ 是整系数方程 $a_0x^n+a_1x^{n-1}+\cdots+a_{n-1}x+a_n=0$ $(a_0\neq 0)$ 的一个根，令 $b_0=a_0$，且对每一个不超过 n 的正整数 k，令

$b_k=a_0(\frac{p}{q})^k+a_1(\frac{p}{q})^{k-1}+\cdots+a_k$，证明：每一个 b_k 都是整数.

证明：假设每一个 $b_k=\frac{r}{s}$ 不是整数，这里 $(r, s)=1$，那么

$$\begin{aligned}\text{由 } b_k &=a_0(\frac{p}{q})^k+a_1(\frac{p}{q})^{k-1}+\cdots+a_k\\ &=(a_0p^k+a_1p^{k-1}q+\cdots+a_kq^k)/q^k\end{aligned}$$

可知 s 能整除 q^k，因 $(p, q)=1$，有 $(p, q^k)=1$，于是 $(p, s)=1$，又因 $(r, s)=1$，所以 $(pr, s)=1$，由此 $\frac{pr}{qs}=(\frac{p}{q})b_k$ 将不是整数，

进而 $b_{k+1}=\frac{p}{q}b_k+a_{k+1}$ 也不是整数，

这样进行 $n-k$ 次，可知 b_n 不是整数，特别地

$$b_n=a_0(\frac{p}{q})^n+a_1(\frac{p}{q})^{n-1}+\cdots+a_{n-1}(\frac{p}{q})+a_n\neq 0$$

这与 $\frac{p}{q}$ 是题设方程的根相矛盾.

故　原命题成立.

例 9　如果使多项式 $f(x)=a_nx^n+a_{n-1}x^{n-1}+\cdots+a_1x+a_0$ 的值是零的(不同的) x 值多于 n 个，那么 $a_n=a_{n-1}=\cdots=a_1=a_0=0$，即 $f(x)=0$.

证明：假设 a_n，a_{n-1}，…，a_1，a_0 不全为 0，不妨设 a_i 为所有不为零的系数中次数最高项的系数，则

$$\begin{aligned}f(x)&=a_ix^{n-i}+a_{i+1}x^{n-i-1}+\cdots+a_0\\ &=a_i(x^{n-i}+\frac{a_{i+1}}{a_i}x^{n-i-1}+\cdots+\frac{a_0}{a_i})\end{aligned}$$

这是一个 $n-i(n-i\leqslant n)$ 次多项式.

设 b_1，b_2，…，b_{n-i} 为 $n-i$ 个使 $f(x)$ 为 0 的 x 值，则根据余数定理，$f(x)$ 可表示为

$$f(x)=a_i(x-b_1)(x-b_2)\cdots(x-b_{n-i})$$

因为使 $f(x)$ 为零的 x 值多于 n 个，故有另外的一个使 $f(x)$ 为零的值 b_k，使

$$f(b_k)=a_i(b_k-b_1)(b_k-b_2)\cdots(b_k-b_{n-i})=0$$

因使$f(x)$为零的值b_i，b_2，…，b_{n-i}，b_k互异，

即$(b_k-b_1)(b_k-b_2)\cdots(b_k-b_{n-i})\neq 0$.

$\therefore a_i=0$，与假设矛盾.

故　命题得证.

例10　有两个实系数多项式$f(x)$，$g(x)$，假定对实数a，$f^3(x)-g^3(x)$能被$(x-a)^2$除尽，而不能被$(x-a)^3$除尽，求证：$f(x)-g(x)$可被$(x-a)^2$除尽.

证明：先用反证法证明$f^2(x)+f(x)g(x)+g^2(x)$不能被$x-a$除尽. 若不然，按余数定理有

$$f^2(a)+f(a)g(a)+g^2(a)=[f(a)+\frac{1}{2}g(a)]^2+\frac{3}{4}g^2(a)=0$$

$\therefore g(a)=0$，$f(a)+\frac{1}{2}g(a)=0$. 进而$f(a)=0$.

于是$f(x)$和$g(x)$都能被$x-a$除尽. 令

$$f(x)=(x-a)f_1(x)\text{，}g(x)=(x-a)g_1(x)$$

$\therefore f^3(x)-g^3(x)=(x-a)^3[f_1^3(x)-g_1^3(x)]$能被$(x-a)^3$除尽与已知矛盾.

$\because f^3(x)-g^3(x)=[f(x)-g(x)][f^2(x)+f(x)g(x)+g^2(x)]$能被$(x-a)^2$除尽.

但$f^2(x)+f(x)g(x)+g^2(x)$不能被$x-a$除尽.

$\therefore f(x)-g(x)$必然能被$(x-a)^2$除尽.

例11　已知$f(x)=x^3+bx^2+cx+d$为整系数多项式，且$bd+cd$是奇数，证明：$f(x)$在有理数域上不可约.

证明：$bd+cd=(b+c)d$是奇数，所以$b+c$和d都是奇数，于是$1+b+c+d$为奇数.

假设$f(x)$在有理数域上可约，则$f(x)$必在整数环上可约. 此时$f(x)$的因式必有一次的.

设$f(x)=x^3+bx^2+cx+d=(x+p)(x^2+qx+r)$

其中p，g，r都是整数，比较常数项得

$$pr=d.$$

因d是奇数. 故p，r均为奇数.

令$x=1$，则$1+b+c+d=(1+p)(1+q+r)$

$1+p$为偶数，所以上式右边为偶数，而左边为奇数，矛盾.

故　$f(x)$在有理域上不可约.

例 12　设$f_1(x)$，$f_2(x)$，…，$f_m(x)$，$g_1(x)$，$g_2(x)$，…，$g_n(x)$都是多项式，而且

$$[f_i(x),\ g_j(x)]=1,\ (i=1,\ 2,\ \cdots,\ m;\ j=1,\ 2,\ \cdots,\ n)$$

求证：$[f_1(x)f_2(x)\cdots f_m(x),\ g_1(x)g_2(x)\cdots g_n(x)]=1$.

证明：假设$[f_1(x)f_2(x)\cdots f_m(x),\ g_1(x)g_2(x)\cdots g_n(x)]\neq 1$，令不可约多项式$p(x)$是$f_1(x)f_2(x)\cdots f_m(x)$与$g_1(x)g_2(x)\cdots g_n(x)$的一个公因式，则

$$p(x)\mid f_1(x)f_2(x)\cdots f_m(x),\ p(x)\mid g_1(x)g_2(x)\cdots g_n(x)$$

由于$p(x)$不可约，故必有i，$j(1\leqslant i\leqslant m,\ 1\leqslant j\leqslant n)$

使$p(x)\mid f_i(x)$，$p(x)\mid g_j(x)$.

而$[f_i(x),\ g_j(x)]=1$.

$\therefore p(x)\mid 1$. 此与$p(x)$是不可约多项式的假设矛盾.

故　$[f_1(x)f_2(x)\cdots f_m(x),\ g_1(x)g_2(x)\cdots g_n(x)]=1$.

例 13　设x，y，z皆为实数，且$x+y+z=a$，$x^2+y^2+z^2=\dfrac{a^2}{2}(a>0)$，求证：$x$，$y$，$z$都不能是负数.

证明：假设x，y，z中有一个是负数，不妨设$x<0$，则

$$y+z=a-x>a.$$

$\therefore (y+z)^2>a^2$，即$y^2+2yz+z^2>a^2$.

$\because y^2+z^2>2yz$

$\therefore 2(y^2+z^2)>y^2+z^2+2yz>a^2$

即$y^2+z^2>\dfrac{a^2}{2}$，于是有$x^2+y^2+z^2>\dfrac{a^2}{2}$与已知条件矛盾.

$\therefore x$不能为负数.

若设$y<0$或$z<0$也是如此.

故　x，y，z都不能是负数.

例 14　设a，b，c，d为自然数，且满足$n^2<a<b<c<d<(n+1)^2$，n是大于1的自然数，试证：$ad\neq bc$.

证明：假设存在a，b，c，d使得$ad=bc$，设$a=n^2+p$，$b=n^2+k_1$，$c=n^2+k_2$，其中$1\leqslant p<k_1<k_2<2n$，则

$$d=\frac{bc}{a}=n^2+(k_1+k_2-p)+\frac{(k_1-p)(k_2-p)}{n^2+p}$$

是一自然数. 故

$$(k_1-p)(k_2-p)>n^2+p$$

$\because \left[\frac{(k_1-p)+(k_2-p)}{2}\right]^2>(k_1-p)(k_2-p).$

$\therefore k_1+k_2-p>2n.$

$\therefore \frac{bc}{a}>n^2+2n+1=(n+1)^2$ 与 $d<(n+1)^2$ 矛盾.

故　原命题结论成立.

三、方程和方程组的问题

方程和方程组也是初等代数研究的一个重要内容. 方程和方程组有关根的性质以及它的几何意义的问题，涉及“能”与“不能”“有”与“没有”“至多”与“至少”“最多”与“最少”这样一些概念，用直接证法不能或难以解答，这时应用反证法.

例 15　若实数 $m_k(k=1,2,\cdots,n)$ 各不相等，则方程

$$\frac{1}{x+m_1}+\frac{1}{x+m_2}+\cdots+\frac{1}{x+m_n}=0$$

没有虚根.

证明：假设方程有虚根 $a+bi(a,\ b\in\mathbf{R},\ b\neq0)$，则 $a-bi$ 也是方程的根. 于是有

$$\frac{1}{a+bi+m_1}+\frac{1}{a+bi+m_2}+\cdots+\frac{1}{a+bi+m_n}=0$$

即 $$\frac{a+m_1-bi}{(a+m_1)^2+b^2}+\frac{a+m_2-bi}{(a+m_2)^2+b^2}+\cdots+\frac{a+m_n-bi}{(a+m_n)^2+b^2}=0 \quad (1)$$

同样，有 $$\frac{a+m_1+bi}{(a+m_1)^2+b^2}+\frac{a+m_2+bi}{(a+m_2)^2+b^2}+\cdots+\frac{a+m_n+bi}{(a+m_n)^2+b^2}=0 \quad (2)$$

(2)－(1)得 $$\left[\frac{1}{(a+m_1)^2+b^2}+\frac{1}{(a+m_2)^2+b^2}+\cdots+\frac{1}{(a+m_n)^2+b^2}\right]bi=0.$$

$\therefore b=0$，这与假设 $b\neq0$ 矛盾.

故　方程没有虚根.

例 16　证明：不论 n 是什么整数，方程 $x^2-16nx+7^5=0$ 没有整数解.

证明：题中的 7^5 可以改成 7^s，其中 s 是任何正的奇数.

设方程两根为 x_1，x_2，则有

$$x_1+x_2=16n \quad (1)$$

$$x_1x_2=7^s \quad (2)$$

假设方程有一根是整数，则由(1)知，另一根也是整数，因 7 是素数，由(2)知，x_1，x_2 可以写成下面的形式：

$$x_1=\pm7^k,\ x_2=\pm7^h \quad (3)$$

上面两式同时取正号或负号，且 $k+h=s$，把(3)代入(1)得

$$7^k+7^h=\pm 16n \tag{4}$$

不妨设 $k>h$，因为 $k+h=s$ 为奇数，所以

$$k-h=k+h-2h=s-2h$$

仍为奇数.

由(4)得 $7^h(7^{k-h}+1)=\pm 16n$　　(5)

利用恒等式，当 m 为奇数时

$$x^m+1=(x+1)(x^{m-1}-x^{m-2}+x^{m-3}-\cdots+1) \tag{6}$$

由此得 $7^{k-h}+1=8(7^{k-h-1}-7^{k-h-2}+7^{k-h-3}-\cdots+1)$　　(7)

(7)右边括号中的每一项都是奇数，而项数 $k-h=s-2h$ 也是奇数，所以其代数和为奇数，把它记为 m，则由(5)可得

$$7^h\cdot 8m=\pm 16n.$$

消去8，得　$7^h m=\pm 2n$.

上式的左边为两个奇数的积，仍为一奇数，而右边是偶数，矛盾.

故　方程没有整数解.

例17　设 $2a^2<5b$，则方程 $x^5+ax^4+bx^3+cx^2+dx+e=0$ 的根不能全是实数(第十二届国际数学奥林匹克赛题).

证明：假设方程有5个实数根 $x_k(k=1,2,\cdots,5)$，则

$$x_1+x_2+x_3+x_4+x_5=-a,\ x_1x_2+x_1x_3+\cdots+x_4x_5=b.$$

$\because x_1^2+x_2^2\geqslant 2x_1x_2,\ x_1^2+x_3^2\geqslant 2x_1x_3,\ \cdots,\ x_4^2+x_5^2\geqslant 2x_4x_5.$

$\therefore 4(x_1^2+x_2^2+\cdots+x_5^2)\geqslant 2(x_1x_2+x_1x_3+\cdots+x_4x_5),$

$4(x_1+x_2+\cdots+x_5)^2\geqslant 10(x_1x_2+x_1x_3+\cdots+x_4x_5).$

即 $2a^2\geqslant 5b$ 与题设矛盾.

故　原命题结论成立.

例18　设 $f(x)$ 是一个不为零的实系数多项式，如果存在 $n(\geqslant 2)$ 个点 $x_1,x_2,\cdots,x_n\in(0,\pi)$，使

$$\sum_{k=1}^{n}[f(x_k)\sin x_k]=\sum_{k=1}^{n}[f(x_k)\cos x_k]=0,$$

求证：方程 $f(x)=0$ 在 $(0,\pi)$ 内至少有两个不同的根.

证明：首先证明方程 $f(x)=0$ 在 $(0,\pi)$ 内必有根. 若不然，则 $f(x)$ 在 $(0,\pi)$ 内同号，又 $\sin x_k>0(k=1,2,\cdots,n)$.

$\therefore\ \sum_{k=1}^{n}[f(x_k)\sin x_k]\neq 0$ 与题设矛盾.

其次，证明方程 $f(x)=0$ 至少有两个不同的根.

假设方程仅有一根 α，则不妨设 $f(x)$ 在 $(0,\alpha)$ 中为负，而在 (α,π) 中为正，又设 $0<x_1<x_2<\cdots<x_m\leqslant\alpha$，$\alpha<x_{m+1}<x_{m+2}<\cdots<x_n<\pi$.

则 $\sin(x_i-\alpha)\leqslant 0(i=1,2,\cdots,m)$，$\sin(x_j-\alpha)\geqslant 0(j=m+1,\cdots,n)$ 且上述不等式中至少有一个取严格不等式，故

$$f(x_i)\sin(x_i-\alpha)\geqslant 0,\ f(x_j)\sin(x_j-\alpha)\geqslant 0$$

中至少有一个取严格不等式，从而

$$\sum_{k=1}^{n}f(x_k)\sin(x_k-\alpha)=\sum_{i=1}^{m}f(x_i)\sin(x_i-\alpha)+\sum_{j=m+1}^{n}f(x_j)\sin(x_j-\alpha)>0 \tag{1}$$

另一方面，依题设又有

$$\sum_{k=1}^{n}f(x_k)\sin(x_k-\alpha)=\cos\alpha\sum_{k=1}^{n}f(x_k)\sin x_k-\sin\alpha\sum_{k=1}^{n}f(x_k)\cos x_k=0 \tag{2}$$

(1)与(2)矛盾，故命题结论成立.

例 19 若整数 $n>1$，证明绝无正整数 x，y，z 能满足方程 $x^n+y^n=z^n$. 但其中有一个 x 或 y 不大于 n 者.

证明：假设存在正整数 x，y，z，能满足方程

$$x^n+y^n=z^n.$$

其中 $x\leqslant y$，且 $x\leqslant n$(由于 x，y 的对称性，这样假定不影响结论的全面性).

由于 $x<z$，$y<z$. 故得

$z^n-y^n=(z-y)(z^{n-1}+z^{n-2}y+z^{n-3}y^2+\cdots+y^{n-1})>1\cdot nx^{n-1}\geqslant x^n$

这与已知 $x^n+y^n=z^n$ 相矛盾.

故 满足题设条件的正整数不存在.

例 20 已知 θ_0，θ_1，θ_2，$\cdots$，$\theta_n(n\in\mathbf{N})$ 都是实数，α 是关于 z 的方程 $z^n\cos\theta_n+z^{n-1}\cos\theta_{n-1}+\cdots+z\cos\theta_1+\cos\theta_0=2$ 的根，求证：

(1) $|\alpha|^n+|\alpha|^{n-1}+\cdots+|\alpha|\geqslant 1$；

(2) 此方程的所有根在复平面上所对应的点都在圆 $|z|=\dfrac{1}{2}$ 之外.

证明：(1)略.

(2)设 α 为该方程的任一根，假设 $|\alpha|\leqslant\dfrac{1}{2}$，则

$|\alpha|^n+|\alpha|^{n-1}+\cdots+|\alpha|$

$\leqslant\left(\frac{1}{2}\right)^{n}+\left(\frac{1}{2}\right)^{n-1}+\cdots+\frac{1}{2}=1-\left(\frac{1}{2}\right)^{n}<1.$

与(1)中证明的结论矛盾.

所以$|\alpha|>\frac{1}{2}$，由于α的任意性，故该方程的所有根在复平面上的对应点都在圆$|z|=\frac{1}{2}$外.

四、不等式的问题

在初等代数中，不等式的内容占了很大的篇幅，而不等式的证明是一项很重要的内容. 证明不等式的方法很多，反证法也是很重要的一种. 当要证的不等式的结论的反面较之于原结论更简洁时，用反证法似乎更好.

例 21　用反证法证明$\sqrt{2}\sqrt{a^2+b^2}\geqslant|a|+|b|$.

证明：假设$\sqrt{2}\sqrt{a^2+b^2}\ngeqslant|a|+|b|$，则

$$\sqrt{2}\sqrt{a^2+b^2}<|a|+|b|.$$

两边平方得$2(a^2+b^2)<a^2+2|ab|+b^2$，

即$(|a|-|b|)^2<0$.

与任何实数的平方幂不小于零矛盾.

故　$\sqrt{2}\sqrt{a^2+b^2}\geqslant|a|+|b|$.

例 22　已知：a，b，c是正数，且$abc=1$，求证：$a+b+c\geqslant3$.

证明：假设$a+b+c<3$，则

$\because a>0$，$b>0$，$\therefore ab>0$.

$\therefore a^2b+ab^2+abc<3ab$，又$abc=1$，

$\therefore ab^2+(a^2-3a)b+1<0$.

此式表明二次函数$y=ax^2+(a^2-3a)x+1$在点$x=b$时取负值，因$a>0$，当x的值充分大时，这个函数值是正的，故它有两个实根.

$\therefore (a^2-3a)^2-4a\geqslant0$.

即$(a-1)^2(a-4)\geqslant0$.

$\because (a-1)^2\geqslant0$，$\therefore a\geqslant4$. 这与假设$a+b+c<3$矛盾.

故　$a+b+c\geqslant3$.

例 23　已知：$a>0$，$b>0$，求证：$\left(\frac{a+b}{2}\right)^3\leqslant\frac{a^3+b^3}{2}$.

证明：假设$\left(\frac{a+b}{2}\right)^3>\frac{a^3+b^3}{2}$，则有

$$\frac{1}{8}(a^3+3a^2b+3ab^2+b^3)>\frac{a^3+b^3}{2}.$$

即 $a^3+b^3-a^2b-ab^2<0$.

亦即 $(a+b)(a-b)^2<0$.

$\because a>0$，$b>0$，$\therefore a+b>0$，$(a-b)^2\geqslant 0$.

$\therefore (a+b)(a-b)^2\geqslant 0$，与 $(a+b)(a-b)^2<0$ 矛盾.

故 $\left(\frac{a+b}{2}\right)^3\leqslant\frac{a^3+b^3}{2}$.

五、数列问题

数列是初等代数的重要内容，数列中的“能”与“不能”“存在”与“不存在”“有”与“没有”等问题往往用反证法来解答.

例 24 证明 10，11，12 不能是等比数列中的某三项.

证明：假设 10，11，12 可以是等比数列的某三项. 不妨设 10 为首项. 于是，$11=10q^m$，$12=10q^n$，其中 m，n 为自然数，则

$$\left(\frac{11}{10}\right)^{\frac{1}{m}}=\left(\frac{12}{10}\right)^{\frac{1}{n}}, \left(\frac{11}{10}\right)^n=\left(\frac{12}{10}\right)^m,$$

$11^n\cdot 10^{m-n}=12^m$，$11^n\cdot 5^{m-n}\cdot 2^{m-n}=3^m\cdot 2^{2m}$.

由此可以得出，3 能整除 11，5，2 这三个数中的某一个，而这是不可能的.

故 10，11，12 不能是等比数列的某三项.

例 25 证明：在二项展开式中，不存在四个相继的系数 c_n^r，c_n^{r+1}，c_n^{r+2}，c_n^{r+3}（n，r 为正整数，$r+3\leqslant n$）组成等差数列.

证明：假设四数组成等差数列，则

$$2c_n^{r+1}=c_n^r+c^{r+2}.$$

于是有 $\frac{r+1}{n-r}+\frac{n-r-1}{r+2}=2.$ (1)

在(1)中，用 $n-r-2$ 代 r，得到的还是(1)，又把 r 换成 $r+1$，(1)就表示为：$2c_n^{r+2}=c_n^{r+1}+c_n^{r+3}$.

这个式子也应成立. 因此，如果把(1)看作关于 r 的方程，它有四个根，r，$r+1$，$n-r-2$，$n-r-3$，但是由于(1)是关于 r 的二次方程（去分母），所以 $r=n-r-3$，$r+1=n-r-2$，由此得 $n=2r+3$，n 是奇数，$r=\frac{n-3}{2}$. 所以这四个系数是二项展开式的中间四项系数. 因为二项式展开的各项系数在前半段逐渐增大，在后半段逐渐减小，它们不能组成等差数列.

例 26　证明：三个不同质数的立方根不能是等差数列的三项.

证明：假设三个不同的质数 p，q，r 的立方根是等差数列的三项，则

$$\sqrt[3]{q}=\sqrt[3]{p}+k_1d，\sqrt[3]{r}=\sqrt[3]{p}+k_2d.$$

其中 k_1，k_2 是不为 0 的整数，且 $k_1\neq k_2$，$d\neq 0$.

于是有 $\dfrac{\sqrt[3]{q}-\sqrt[3]{p}}{\sqrt[3]{r}-\sqrt[3]{p}}=\dfrac{k_1}{k_2}$，$\dfrac{\sqrt[3]{\dfrac{q}{p}}-1}{\sqrt[3]{\dfrac{r}{p}}-1}=\dfrac{k_1}{k_2}$.

$\therefore k_1\sqrt[3]{\dfrac{r}{p}}-k_2\sqrt[3]{\dfrac{q}{p}}=k_1-k_2$.

两边立方，得

$$\frac{k_1{}^3r}{p}-\frac{k_2{}^3q}{p}-3k_1k_2\sqrt[3]{\frac{rq}{p^2}}\left(k_1\sqrt[3]{\frac{r}{p}}-k_2\sqrt[3]{\frac{q}{p}}\right)=(k_1-k_2)^3$$

$\therefore 3k_1k_2(k_1-k_2)\sqrt[3]{\dfrac{rq}{p^2}}=\dfrac{k_1{}^3r-k_2{}^3q}{p}-(k_1-k_2)^3$.

$\because 3k_1k_2(k_1-k_2)\neq 0$，

$\therefore \sqrt[3]{\dfrac{rq}{p^2}}=t$（$t$ 是有理数）.

显然 $t\neq 0$，否则有 $r=0$ 或 $q=0$ 与题设 r，q 是质数相矛盾，把 t 表示成一个既约分数，即

$$\sqrt[3]{\frac{rq}{p^2}}=\frac{a}{b}[(a,b)=1].$$

由此得 $rqb^3=p^2\cdot a^3$.

但 r，q 都不含质因子 p，所以 b^3 必含质因子 p，从而 b 必含质因子 p，即 $b=np$（n 是整数），于是

$$r\cdot q\cdot n^3\cdot p^3=p^2\cdot a^3$$

即 $n^3\cdot r\cdot q\cdot p=a^3$.

由此，a^3 必含有质因子 p，从而 a 必含质因子 p，这与 $\dfrac{a}{b}$ 是既约分数矛盾.

故 $\sqrt[3]{p}$，$\sqrt[3]{q}$，$\sqrt[3]{r}$ 不能是等差数列的三项.

例 27　给定不增的正数列

$a_1\geqslant a_2\geqslant a_3\geqslant\cdots\geqslant a_n\geqslant\cdots$

$a_1=\dfrac{1}{2k}$，$a_1+a_2+\cdots+a_n+\cdots=1$，

证明：从中可以找到 k 个数，其中最小数大于最大数的一半.

证明：假设问题的结论不真，即在数列的任意 k 个数中最小数都小于或等于最大数的一半. 研究 a_1，a_2，…，a_k 这 k 个数，因 a_1 为最大数，a_k 为最小数，所以

$$a_k \leqslant \frac{a_1}{2}.$$

同样地，对 a_k，a_{k+1}，…，a_{2k-1}，得

$$a_{2k-1} \leqslant \frac{a_k}{2} \leqslant \frac{1}{2} \cdot \frac{a_1}{2} = \frac{a_1}{2^2}.$$

继续下去，一般的有

$$a_{n(k-1)+1} \leqslant \frac{1}{2^n} a_1.$$

和 $s_1 = a_1 + a_k + a_{2k-1} + \cdots + a_{n(k-1)+1} + \cdots$

代入上面得到的不等式，利用等比数列求和公式，我们得到

$$s_1 \leqslant a_1 \left(1 + \frac{1}{2} + \frac{1}{2^2} + \cdots + \frac{1}{2^k} + \cdots\right) = 2a_1.$$

由此，根据 a_n 单调不增的性质，进而又得

$$s_2 = a_2 + a_{k+1} + a_{2k} + \cdots + a_{n(k-1)+2} + \cdots \leqslant 2a_1,$$

$$s_3 = a_3 + a_{k+2} + a_{2k+1} + \cdots + a_{n(k-1)+3} + \cdots \leqslant 2a_1,$$

……

$$s_{k-1} = a_{k-1} + a_{2k-2} + a_{2k-3} + \cdots + a_{n(k-1)+(k-1)} + \cdots \leqslant 2a_1.$$

对这些不等式的两端各自相加，就有

$$s = s_1 + s_2 + \cdots + s_{k-1} \leqslant 2(k-1)a_1 = 2 \times \frac{k-1}{2k} < 1.$$

但是，按条件，$s = s_1 + s_2 + \cdots + s_{k-1} = a_1 + a_2 + \cdots + a_n + \cdots = 1$，与上式矛盾.

故　原命题成立.

六、集合及其他问题

集合的某些问题以及其他一些相关问题比较复杂，用直接证法解答难以下手，这时就要考虑用反证法.

例 28　设集合 M 由奇数个元素组成，如果对 M 中的每一个元素 x，都有唯一确定的集合 $H_x \subseteq M$ 与 x 对应，并且满足条件

(1) 对任意 $x \in M$，都有 $x \in H_y$；

(2) 对于任意两个元素 x，$y \in M$，当且仅当 $y \in H_x$ 时，$x \in H_y$.

求证：至少有一个 H_x，由奇数个元素组成（1986 年合肥市高中数学竞赛第一试第四题）.

证明：将 M 中的元素用点表示，如果 $y \neq x$，并且 $y \in H_x$，就在 x，y 之间连一条线段，由(2)知这条线段也表示 $x \in H_y$.

假设 H_x 中元素的个数都是偶数，那么从 x 引出的线段必是奇数条[因为由(1) $x \in H_x$].

设所有 H_x 中的元素个数是偶数，那么，从每点引出的线段的条数的总和是：k = 奇数个奇数的和 = 奇数.

另外，由于一条线连接 M 的两个点，所以 k 是线段总数的 2 倍，是偶数，产生矛盾.

故　至少有一个 H_x 由奇数个元素组成.

例 29　一个国际社团的成员来自 6 个国家，共有 1978 人，用 1，2，3，…，1977，1978 编号，证明：该社团至少有一个成员的号数，或者与他们的两个同胞的号数之和相等，或是一个同胞的号数的 2 倍.

证明：假设结论不成立，则从 1 至 1978 的自然数可以分成 A_1，A_2，A_3，A_4，A_5，A_6 这样 6 个集合，每个集合若包含 m，$n(m<n)$，则必不包含 $n-m$，这 6 个集合中，至少有一个集合有不少于 $\left]\frac{1978}{6}\right[=330$ 个数（$]x[$ 表示 $n \geqslant x$ 的最小整数 n），不妨设此集合为 A_1，这 330 个数为 a_1，a_2，…，a_{330}，其中 a_{330} 大于其余 329 个数，考查差

$$b_i = a_{330} - a_i,\ i=1,\ 2,\ \cdots,\ 329.$$

显然 $b_i < 1978$，所以必在诸 A_j 之中，但 b_i 既然是 A_1 中数之差，自然不在 A_1 中，从而必在 A_2 或 A_3 或 A_4 或 A_5 或 A_6 中.

于是 A_2，A_3，A_4，A_5，A_6 这 5 个集合中，必有一个集合，含有 $\left]\frac{329}{5}\right[=66$ 个 $\{b_i\}$ 中的数，不妨设此集合为 A_2，这 66 个数为 b_1，b_2，…，b_{66}，其中 b_{66} 大于其余 65 个数，继续考查差.

$$c_i = b_{66} - b_i,\ i=1,\ 2,\ \cdots,\ 65.$$

显然 c_i 必在诸 A_i 中，但不在 A_2 中，并且，因为

$$c_i = b_{66} - b_i = (a_{330} - a_{66}) - (a_{330} - a_i) = a_i - a_{66}$$

所以 c_i 也不在 A_1 中，因此 c_i 必在 A_3 或 A_4 或 A_5 或 A_6 中；

仿此下去，我们有

A_3 有 $\left]\frac{65}{4}\right[=17$ 个 c_i，其中 16 个差 d_i 不在 A_1，A_2，A_3 中；

A_4 有$\left]\frac{16}{3}\right[=6$ 个 d_i，其中 5 个差 e_i 不在 A_1，A_2，A_3，A_4 中；

A_5 有$\left]\frac{5}{2}\right[=3$ 个 e_i，其中 2 个差 f_i 不在 A_1，A_2，A_3，A_4，A_5 中；

即 f_1，f_2 在 A_6 中，而 f_1，f_2 之差不在 A_1，A_2，A_3，A_4，A_5，A_6 中，但此差依然是小于 1978 的自然数，这就导致矛盾.

故　原命题成立.

例 30　今有 90 张卡片，在每张卡片上都写有一个非负整数，已知这 90 个整数的和 s 不超过 1979，试证这 90 张卡片中至少有三张卡片上的数字相同.

证明：如果不是这样，假设至多只有两张卡片上的数字相同，则 90 张卡片上的数字的和不小于

$$2\times(0+1+2+\cdots+44)=2\times\frac{(0+44)\times45}{2}=1980$$

即 $s\geqslant1980$，这与已知 $s\leqslant1979$ 矛盾.

故　原命题成立.

例 31　有两个同心圆盘，各分成 n 个相等的小格，外圆盘固定，内圆盘可以转动，内外圆盘小格上分别填有实数 a_i，$b_i(i=1,2,\cdots,n)$ 且满足 $a_1+a_2+\cdots+a_n<0$，$b_1+b_2+\cdots+b_n<0$，证明可将内圆盘转动到一个合适的位置，使得两圆盘的小格对齐，这时两圆盘 n 个对应小格内数字乘积之和为一正数.

证明：假设不论两圆盘的相对位置如何，两圆盘 n 个对应小格的数字乘积之和都不能是正数，则有

$a_1b_1+a_2b_2+\cdots+a_{n-1}b_{n-1}+a_nb_n\leqslant0$

$a_1b_2+a_2b_3+\cdots+a_{n-1}b_n+a_nb_1\leqslant0$

……

$a_1b_n+a_2b_1+\cdots+a_{n-1}b_{n-2}+a_nb_{n-1}\leqslant0$

将上面这些式子相加并提取公因式得

$$(a_1+a_2+\cdots+a_n)(b_1+b_2+\cdots+b_n)\leqslant0 \tag{1}$$

而由已知 $a_1+a_2+\cdots+a_n<0$ 及 $b_1+b_2+\cdots+b_n<0$ 得

$(a_1+a_2+\cdots+a_n)(b_1+b_2+\cdots+b_n)>0$ 与(1)相矛盾.

故　原命题成立.

例 32　n 个城市有 m 条公路连接，如果每条公路起点和终点都在两个不同的城市，且任意两条公路的两端也是不完全相同的. 试证：当 $m>\frac{1}{2}(n-1)(n-2)$ 时，人们总可以通过公路旅行在任意两个城市之间.

证明：假设有 k 个城市($1\leqslant k\leqslant n-1$)相互连通，而其余 $n-k$ 个城市没有一个城市与这 k 个城市相连通.

由于在 k 个城市之间，从每一个城市出发的公路最多只有 $k-1$ 条，而每条公路的起点有两种选择方式，因此这 k 个城市之间最多有 $c_k^2=\frac{1}{2}k(k-1)$ 条公路，同样在 $n-k$ 个城市之间最多有 $c_{n-k}^2=\frac{1}{2}(n-k)(n-k-1)$ 条，两部分之间无任何公路相通，所以公路总数为

$$m=\frac{1}{2}[k(k-1)+(n-k)(n-k-1)]=\frac{1}{2}(n^2-2nk+2k^2-n)$$

从而 $m-\frac{1}{2}(n-1)(n-2)$

$$\leqslant\frac{1}{2}[(n^2-2nk+2k^2-n)-(n^2-3n+2)]=k^2-nk+n-1$$

$$=(k-1)(k+1-n).$$

$\because k-1\geqslant 0$，$k\leqslant n-1$

$\therefore m-\frac{1}{2}(n-1)(n-2)\leqslant 0$，即 $m\leqslant\frac{1}{2}(n-1)(n-2)$ 与题设矛盾.

故　命题结论成立.

例 33　*在一次旅游活动中，发现任何四个参加者总有一个以前见过其他三个，试证：在任何四个参加者中，必有一人以前见过所有其他的参加者.*

证明：假设问题的结论不成立，即有四个参加者，他们之中没有一人曾与除自己外的所有参加者见过面，这四人总称为 A.

A 之中，设 a 是以前见过参加者最多的；a 所见过的参加者设为 b_1，b_2，$\cdots$，b_n，$n\geqslant 3$，现分两种情形来讨论：

1°　a 与 A 中的其他三人都见过，于是我们可以设 b_1，b_2，$\cdots$，b_n 中的两人，如 b_1 和 b_2 是在 A 中的.

根据反证法假设，至少有一个参加者是 a 以前未见过的，设为 c.

考虑 a，c，b_1，b_2 四人，根据“四人中必有一人以前见过其他三个”的假设，由于 a 和 c 以前未见过面，所以见过其余三人必为 b_1 或 b_2，于是 b_1 和 b_2 以前必互相见过，不妨更设此人为 b_1，则 b_1 以前见过 a，c，b_2.

依次考查 a，c，b_1，$b_i(i=3,\cdots,n)$，同样地可断言 b_1 与 b_i 以前互曾见面.

这样一来，b_1 以前至少见过 a，c，b_2，$\cdots$，b_n 共 $n+1$ 个，与比 a 见过的多 1 人矛盾.

2° a 并非都见过 A 中的其余三人，则在 A 中有 c 是 a 以前未见过面的，于是在 A 中，除 a 和 c 外的两人当中，必有一个与 a 见过面，这个人必在 b_1，…，b_n 之中，不妨设为 b_1，考查 a，c，b_1，$b_i(i=2, \cdots, n)$，则与1°一样地可知，b_1 见过 $n+1$ 人，矛盾.

故　原命题成立.

例34　能否把1，1，2，2，3，3，…，1986，1986这些数排成一行，使得两个1之间夹着一个数，两个2之间夹着两个数，……，两个1986之间夹着1986个数？请证明你的结论(首届全国冬令营赛题).

解：假设按题意要求，这种排法是存在的，现将这一横排从左到右的3972个位置的序号依次记1，2，…，3972.

设左起的第一个数 i 所在的序号为 a_i，第二个 i 所在的序号为 b_i，依题意　$b_i-a_i=i+1(i=1, 2, \cdots, 1986)$　　(1)

(1)式说明：奇数序号位上的奇数共有偶数个；所有的偶数一半在奇数序号位上，一半在偶数序号位上.

显然，本题奇数、偶数各有1986个，对于1986个奇数序位置，有993个位置被偶数所占，其余被偶数个奇数所占($2p$ 个奇数所占)，所以有：

$1986=993+2p$，此式显然不成立，矛盾. 即假设不成立.

故　按题意的排法不存在.

§2－2　反证法在平面几何中的应用

平面几何是初等数学的一项重要内容. 反证法是首先在平面几何中介绍的，它始于平面几何一些原始定理的证明. 其实，反证法在平面几何中的应用还有很多方面. 下面我们举例介绍.

一、几何量的问题

平面几何中的几何量主要有线段的长短、角的大小以及图形的面积等. 有关几何量的证明题大多可以用直接证法解答. 而有的问题既可用直接证法，亦可用反证法. 但是，对于涉及有关量的评估(不需要计算出量的大小)问题则宜用反证法.

例1　若三角形有两个角的平分线相等，则这两个角的对边也相等.

已知：如图2－1所示，$\triangle ABC$ 中，BE 和 CF 分别是 $\angle B$、$\angle C$ 的平分线，且 $BE=CF$.

求证：$AB=AC$.

证明：假设 $AB \neq AC$，则

$AB > AC$ 或 $AB < AC$

1° 若 $AB > AC$，则 $\angle ACB > \angle ABC$.

于是 $\angle BCF = \angle FCE = \frac{1}{2}\angle ACB > \frac{1}{2}\angle FBC = \angle CBE = \angle EBF$　　(1)

在 $\triangle BCF$ 与 $\triangle CBE$ 中

$BC = BC$，$CF = BE$.

又由(1)式知 $\angle BCF > \angle CBE$，$\therefore BF > CE$.　　(2)

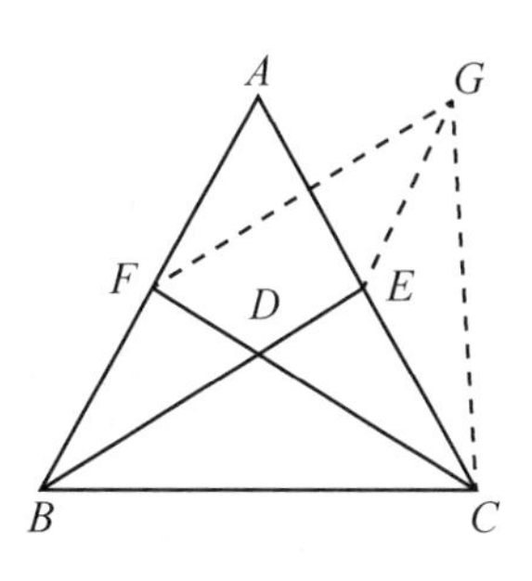

图 2－1

作平行四边形 $BEGF$，则 $EG = BF$.　　(3)

$\angle EBF = \angle FGE$，　　(4)

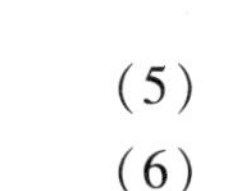

且 $FG = BE = CF$.

连 CG，则 $\angle FCG = \angle FGC$.　　(5)

由(1)、(4)式得 $\angle FCE > \angle FGE$.　　(6)

式(5)－(6)得 $\angle ECG < \angle EGC$.

$\therefore EG < CE$.

再由(3)式得 $BF < CE$，与(2)式矛盾.

$\therefore AB > AC$ 是不可能的.

同理可证 $AB < AC$ 也是不可能的.

故　$AB = AC$.

例 2　在凸四边形 $ABCD$ 中，已知 $AB + BD \leqslant AC + CD$，求证：$AB < AC$（1954 年匈牙利数学竞赛试题）.

证明：如图 2－2 所示，假设 $AB \geqslant AC$.

则 $\angle 1 \geqslant \angle 2$.

于是由多边形的凸性得

$\angle BCD > \angle 1 \geqslant \angle 2 > \angle DBC$.

$\therefore BD > DC$.

由此推得：$AB + BD > AC + CD$，这与已知条件矛盾.

故　$AB < AC$.

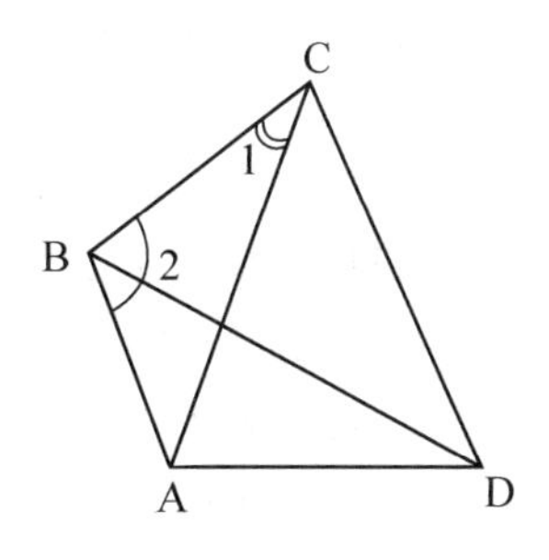

图 2－2

例 3　在 $\triangle ABC$ 的三边 AB，BC，CA（但不是顶点）上分别各取一点 D，E，F，用 d_0，d_1，d_2，d_3 分别表示 $\triangle DEF$，$\triangle ADF$，$\triangle BDE$，$\triangle CEF$ 的最大边长.

证明：$d_0 \geqslant \frac{\sqrt{3}}{2}\min(d_1, d_2, d_3)$，并指出等号何时成立.

证明：如图 2 – 3 所示，假设对某个$\triangle ABC$的三边上的三点 D，E，F 有

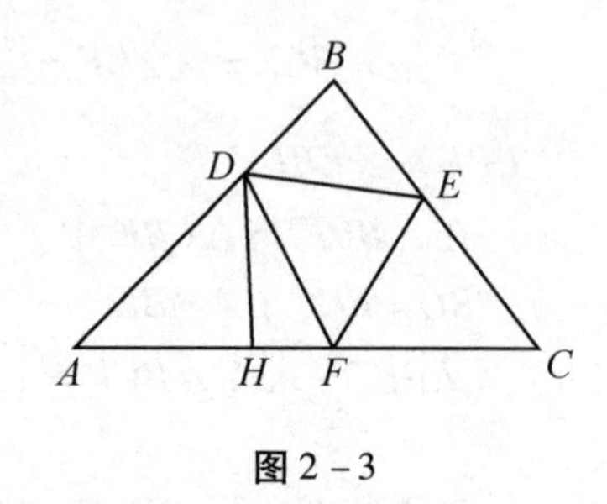

图 2 – 3

$$d_0 < \frac{\sqrt{3}}{2}\min(d_1, d_2, d_3)$$

考查$\triangle ADF$.

因 $d_0 < \frac{\sqrt{3}}{2}d_1 < d_1$，则 DF 不是$\triangle ADF$ 的最大边，可知$\angle A$ 是锐角.

不妨设$\triangle ADF$ 的最大边是 AD，而 DH 是$\triangle ADF$ 由 D 点引出的高，则有 $DH = AD\sin A = d_1\sin A$.

因 $DH \leqslant DF \leqslant d_0 < \frac{\sqrt{3}}{2}d_1$，得 $\sin A < \frac{\sqrt{3}}{2}$，

而$\angle A$ 是锐角，$\therefore \angle A < 60°$.

同理可得$\angle B < 60°$，$\angle C < 60°$，于是$\angle A + \angle B + \angle C < 180°$，矛盾.

故对任何$\triangle ABC$ 三边上任意三点 D，E，F 都有 $d_0 \geqslant \frac{\sqrt{3}}{2}\min(d_1, d_2, d_3)$.

设 $d_0 = \frac{\sqrt{3}}{2}\min(d_1, d_2, d_3)$，类似地可得

$\angle A \leqslant 60°$，$\angle B \leqslant 60°$，$\angle C \leqslant 60°$.

而 $A + B + C = 180°$，$\therefore A = B = C$，即$\triangle ABC$ 为等边三角形.

此外，还要 $DF = DE = EF = d_0$ 和 $DF \perp AC$，$EF \perp BC$，$DE \perp AB$. 也就是说，$\triangle DEF$ 是三边分别垂直于$\triangle ABC$ 的三边的等边三角形.

例 4 已知：锐角三角形 ABC 中，$\angle B = 2\angle C$，求证：$\angle A > 45°$.

证明：假设$\angle A \leqslant 45°$，则$\angle B + \angle C \geqslant 135°$.

又$\because \angle B = 2\angle C$，

$\therefore \angle C \geqslant 45°$，$\angle B \geqslant 90°$.

于是$\triangle ABC$ 是钝角三角形或直角三角形，这与已知$\triangle ABC$ 为锐角三角形矛盾.

故 $\angle A > 45°$.

例5　大小不等的三个圆两两外切，半径成等差数列，试证：以各圆圆心为顶点的三角形的三个内角不可能成等差数列.

证明： 如图2－4所示，设这三个圆的半径从小到大依次为 r_1，r_2，r_3，它们所对应的圆心依次为 O_1，O_2，O_3，因 r_1，r_2，r_3 成等差数列，设其公差为 d，则 $r_1=r_2-d$，$r_3=r_2+d$.

假设$\triangle O_1O_2O_3$ 的三个内角成等差数列，则$\angle O_2=60°$，$O_1O_2=2r_2-d$，$O_1O_3=2r_2$，$O_2O_3=2r_2+d$.

由余弦定理有

$$O_1O_3^2=O_1O_2^2+O_2O_3^2-2O_1O_2\cdot O_2O_3\cos\angle O_2$$
$$=(2r_2-d)^2+(2r_2+d)^2-2(2r_2-d)(2r_2+d)\cos60°$$
$$=4r_2^2+3d^2$$

但由假设 $O_1O_3^2=4r_2^2$ 与上式矛盾.

故　以各圆圆心为顶点的三角形的三个内角不能成等差数列.

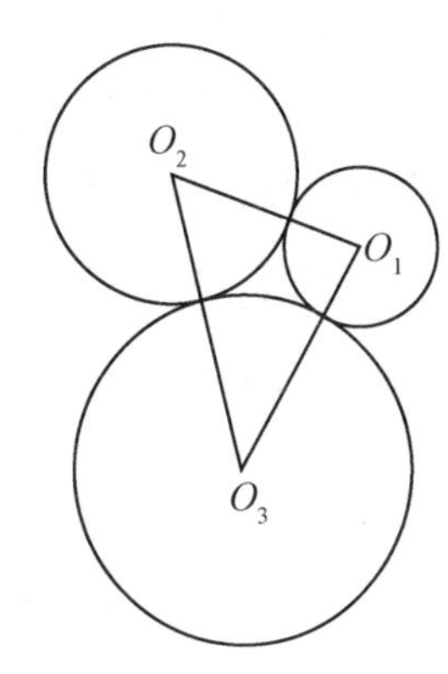

图2－4

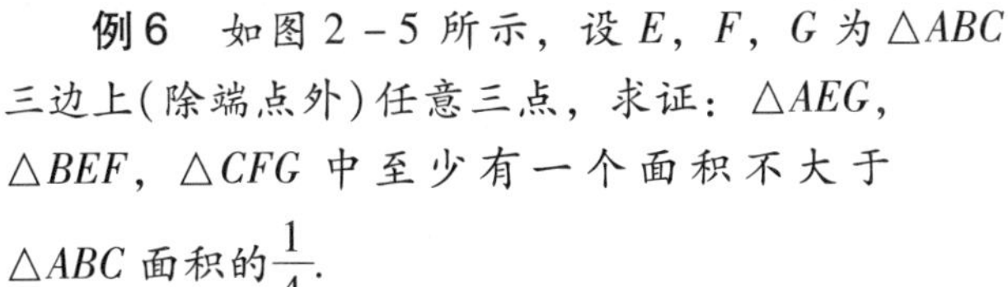

例6　如图2－5所示，设 E，F，G 为$\triangle ABC$ 三边上（除端点外）任意三点，求证：$\triangle AEG$，$\triangle BEF$，$\triangle CFG$ 中至少有一个面积不大于$\triangle ABC$ 面积的$\frac{1}{4}$.

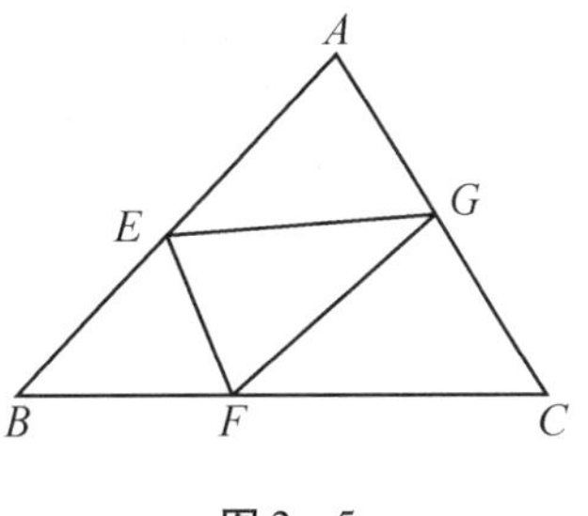

图2－5

证明： 设$\triangle AEG$，$\triangle BEF$，$\triangle CFG$，$\triangle ABC$ 的面积分别为 S_1，S_2，S_3，S，$AE=a$，$BE=b$，$BF=c$，$FC=d$，$CG=e$，$AG=f$.

假设 S_1，S_2，S_3 均大于$\frac{1}{4}S$，

$\because S_1=\frac{1}{2}af\sin A.$

$S=\frac{1}{2}(a+b)(e+f)\sin A.$

$\therefore af>\frac{1}{4}(a+b)(e+f).$

同理可得　$bc>\frac{1}{4}(a+b)(c+d)$

$de>\frac{1}{4}(c+d)(e+f)$

$$\therefore abcdef > \left(\frac{1}{4}\right)^3 (a+b)^2(c+d)^2(e+f)^2 \quad (1)$$

但 $a+b \geqslant 2\sqrt{ab}$，$c+d \geqslant 2\sqrt{cd}$，$e+f \geqslant 2\sqrt{ef}$.

于是有 $abcdef \leqslant \left(\frac{1}{4}\right)^3 (a+b)^2(c+d)^2(e+f)^2$ 与(1)矛盾.

故　原命题成立.

例7　在面积为5的矩形中，有面积为1的9个矩形，试证：一定存在两个矩形，它们的公共部分的面积不小于$\frac{1}{9}$.

证明：假设面积为1的9个矩形中的任意两个其公共部分的面积都小于$\frac{1}{9}$，将9个矩形编上号码，用S_i表示第一个到第i个矩形所占的面积的和，可得：

$$S_2 > 1 + 1 - \frac{1}{9} = 1 + \frac{8}{9}.$$

同样，由于第三个矩形与前面两个矩形的公共部分的面积都小于$\frac{1}{9}$，可得

$$S_3 > S_2 + \left(1 - \frac{1}{9} - \frac{1}{9}\right) > 1 + \frac{8}{9} + \frac{7}{9}.$$

类似地有

$$S_{i+1} > S_i + \left(1 - \frac{i}{9}\right) > 1 + \frac{8}{9} + \frac{7}{9} + \cdots + \frac{9-i}{9} (i = 1, 2, \cdots, 8).$$

于是　$S_9 > 1 + \frac{8}{9} + \frac{7}{9} + \cdots + \frac{1}{9} = 5$，与题设矛盾.

故　原命题成立.

例8　在正八边形的顶点上，是否可以记上数1，2，3，…，8，使得任意三个相邻顶点上的数字之和大于13.（第十四届苏联数学奥林匹克赛题）.

证明：假设按题意要求，任意三个相邻的顶点的数字之和大于13，现将正八边形各顶点的数依次记为$m_i(i=1, 2, \cdots, 8)$.

由假设　$m_1+m_2+m_3 \geqslant 14$，$m_2+m_3+m_4 \geqslant 14$，…，$m_8+m_1+m_2 \geqslant 14$.

于是有　$3(m_1+m_2+\cdots+m_8) \geqslant 8 \times 14$

即　$m_1+m_2+\cdots+m_8 \geqslant 37\frac{1}{3}$，与$m_1+m_2+\cdots+m_8 = 1+2+\cdots+8 = 36$相矛盾.

故　不存在符合要求的记数法.

二、几何元素之间位置关系的问题

几何元素之间位置关系的问题是平面几何中十分重要的内容. 点与线、点与几何图形、线与线、线与几何图形以及几何图形与几何图形之间有关位置关系的问题非常多. 用反证法解答元素的位置关系的问题主要有三类：一是一些比较原始的有关元素之间位置关系的几何命题，如例9、例10；二是结论含有“一定”“不能”或“不存在”等形式的元素之间位置关系的问题，如例11到例16；三是有关元素之间位置关系的“唯一性”问题，如例17.

例9　证明：如果两条直线都和第三条直线平行，这两条直线也互相平行.

已知：如图2-6所示，$AB // EF$，$CD // EF$

求证：$AB // CD$.

证明：假设AB与CD相交于P，则过P点有两条直线都与EF平行，这与“过线外一点有且只有一条直线与已知直线平行”的定理矛盾.

故　$AB // CD$.

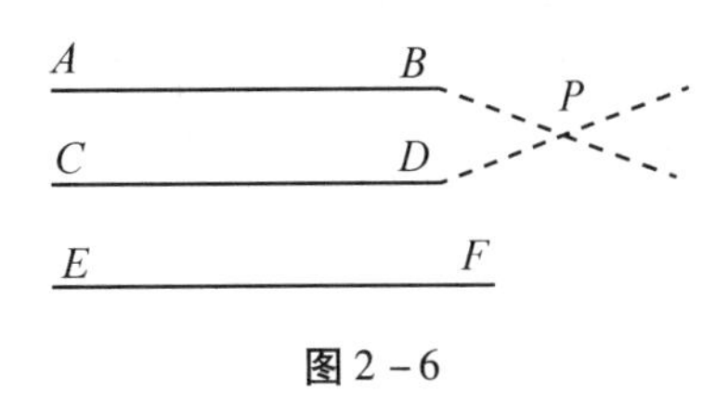

图2-6

例10　证明：在同一平面内一条直线与另两条平行线中的一条相交，必定与另一条也相交.

已知：如图2-7所示，$AB // CD$，EF与AB相交.

求证：EF与CD相交.

证明：假设EF与CD不相交，则$EF // CD$.

又$AB // CD$，$\therefore EF // AB$. 与已知EF与AB相交矛盾.

故　EF与CD必相交.

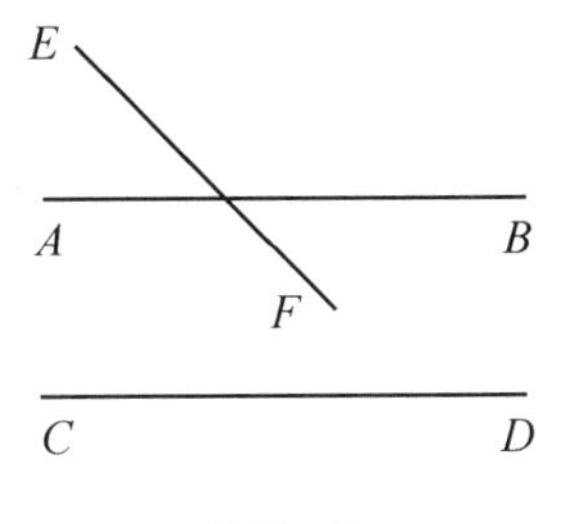

图2-7

例11　若连接四边形一组对边中点的线段等于另一组对边之和的一半，则另一组对边必平行.

证明：如图2-8所示，E，F分别为四边形$ABCD$中AB，CD的中点，且$EF=\frac{1}{2}(AD+BC)$.

假设AD不平行BC，连接BD，取BD的中点G，连接EG，FG，则

$EG // AD$，$FG // BC$.

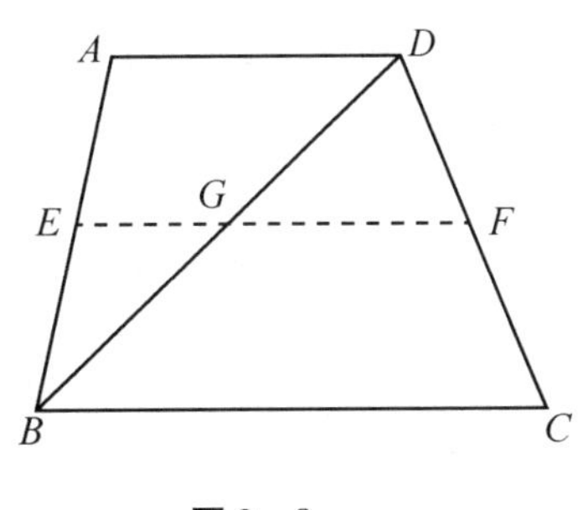

图2-8

$\because AD$ 不平行 BC.

$\therefore E$，G，F 不在一直线上，$\therefore EF < EG + GF$.

但 $EG = \frac{1}{2}AD$，$FG = \frac{1}{2}BC$，于是有

$EF < \frac{1}{2}(AD + BC)$ 与已知条件矛盾.

故　$AD /\!/ BC$.

例 12　设 M 为平面上的有限点集，M 中任两点的连线必过 M 中的第三点，则 M 中的点必在一直线上.

证明：假设 M 中的点不在一直线上，在 M 中任取两点作直线，直线外必有 M 中的点，直线外的点到所作直线都有大于 0 的距离，又 M 中只有有限个点，过其中任两点的直线有有限条，这种距离之值也只有有限个，故必有最小者.

由题设，过 M 中任两点的直线必过 M 中的第三点，故不妨设 $P \in M$，且到过 M 中三点 A，B，C 的直线 l 的距离是上述所说距离之最小者，且不妨设 B 在 A，C 之间，于是 B 到 AP 和 BP 的距离中必有一个比 P 到 l 的距离更小，这与 P 到 l 的距离为最小矛盾.

故　M 中的点必在一直线上.

例 13　已知 $\triangle ABC$ 且有一点 P 使 $PB + PC > AB + AC$，则点 P 必在 $\triangle ABC$ 的外部.

证明：假设 P 点不在 $\triangle ABC$ 的外部，则有

1°　若点 P 在 $\triangle ABC$ 的一边 BC 上，延长 BP 交 AC 于 D，如图 2－9 所示，则

$PB + PC = BC$.

$\because BC < AB + AC$.

$\therefore PB + PC < AB + AC$，与已知 $PB + PC > AB + AC$ 矛盾.

$\therefore$ 点 P 不能在 BC 上.

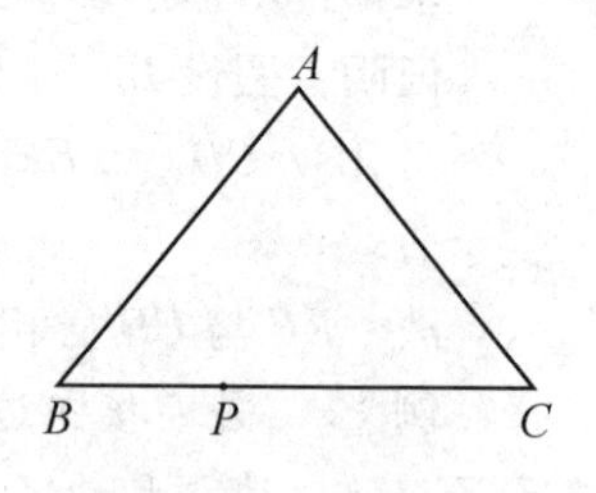

图 2－9

2°　若点 P 在 AB 边（或 AC 边）上，如图 2－10所示，则

$PB = AB - PA$，$PC < AC + PA$

上两式相加得　$PB + PC < AB + AC$ 也与已知条件矛盾.

$\therefore$ 点 P 不能在 AB 或 AC 上.

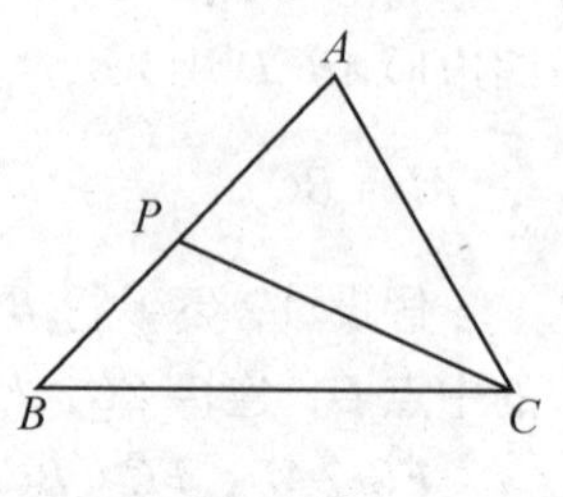

图 2－10

3°　若点 P 在 $\triangle ABC$ 的内部，延长 BP 交 AC 于 D，如图 2－11 所示，则

$AB+AD>PB+PD$，$PD+DC>PC$.

上两式相加消去 PD，得

$AB+AC>PB+PC$　与已知矛盾.

$\therefore$ 点 P 不能在 $\triangle ABC$ 的内部.

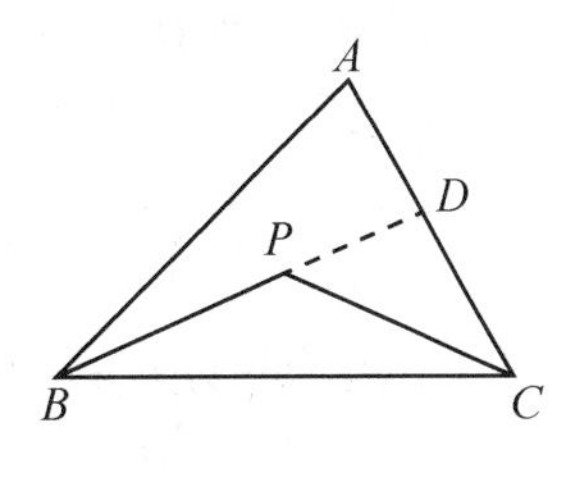

图 2－11

4°　若点 P 在 $\triangle ABC$ 的任一顶点上，则

$PB+PC\leqslant AB+AC$　也与已知矛盾.

$\therefore$ 点 P 不能在 $\triangle ABC$ 的任一顶点.

由 1°至 4°可得点 P 必在 $\triangle ABC$ 的外部.

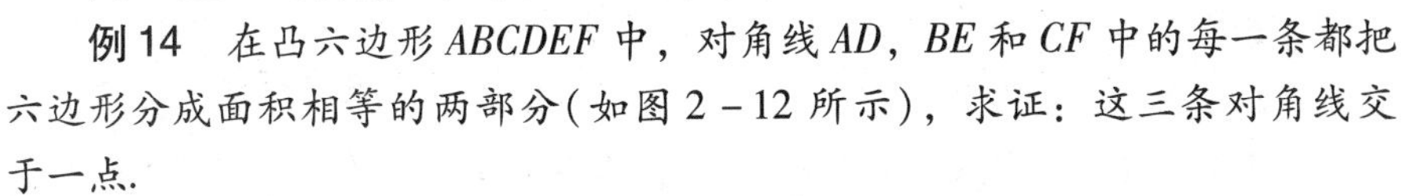

例 14　在凸六边形 $ABCDEF$ 中，对角线 AD，BE 和 CF 中的每一条都把六边形分成面积相等的两部分（如图 2－12 所示），求证：这三条对角线交于一点.

证明：假设三条对角线交于三点 x，y，z，依题设条件知

$S_{\triangle ABx}=S_{ABCD}-S_{BCDx}=S_{BCDE}-S_{BCDx}=S_{\triangle DEx}$

即 $S_{\triangle ABx}=S_{\triangle DEx}$

同理 $S_{\triangle BCz}=S_{\triangle EFz}$，$S_{\triangle CDy}=S_{\triangle FAy}$.

$\therefore Ax\cdot Bx=Dx\cdot Ex$，$Bz\cdot Cz=Ez\cdot Fz$，

$Cy\cdot Dy=Fy\cdot Ay$.

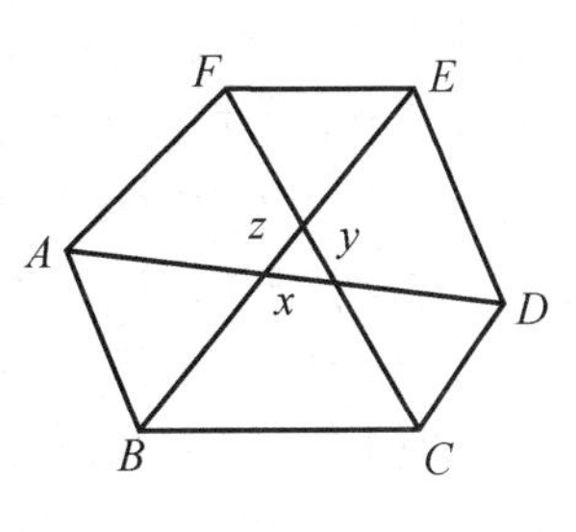

图 2－12

从而 $(Dy+yx)(Ez+zx)=Ax\cdot Bx$.

$(Bx+xz)(Cy+yz)=Ez\cdot Fz$.

$(Fz+zy)(Ax+xy)=Cy\cdot Dy$.

三式相乘，得

$$(Ax+xy)(Bx+xz)(Cy+yz)(Dy+yx)(Ez+zx)(Fz+zy)=Ax\cdot Bx\cdot Cy\cdot Dy\cdot Ez\cdot Fz \tag{1}$$

又 $Ax+xy>Ax$，$Bx+xz>Bx$，$Cy+yz>Cy$.

$Dy+yx>Dy$，$Ez+zx>Ez$，$Fz+zy>Fz$.

$\therefore (Ax+xy)(Bx+xz)(Cy+yz)(Dy+yx)(Ez+zx)(Fz+zy)$

$>Ax\cdot Bx\cdot Cy\cdot Dy\cdot Ez\cdot Fz$　这与(1)矛盾.

故　三条对角线交于一点.

例 15　求证：圆内非直径的两弦，必不能互相平分.

证明：如图 2－13 所示，假设 AB 和 CD 互相平分于 P，则

$AP=BP$，$CP=DP$.

即 P 点是 AB 的中点，又是 CD 的中点，连 OP.

$\therefore OP \perp AB$，$OP \perp CD$.

这样，通过 P 点有两条直线 AB 和 CD 同时垂直直线 OP，与已知直线上一点，有且仅有一条直线垂直于已知直线的定理相矛盾.

故　AB 和 CD 不可能平分.

图 2－13

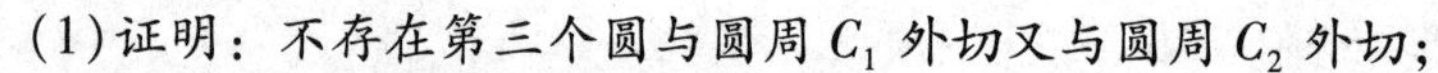
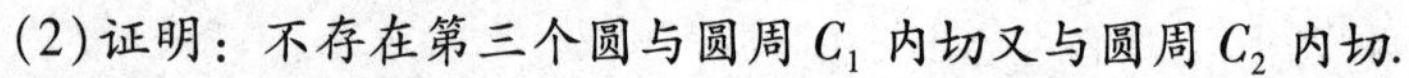

例 16　圆周 C_1 的半径为 r_1，圆周 C_2 的半径为 r_2，$r_1 < r_2$. 且它们是同心圆.

(1) 证明：不存在第三个圆与圆周 C_1 外切又与圆周 C_2 外切；

(2) 证明：不存在第三个圆与圆周 C_1 内切又与圆周 C_2 内切.

证明：(1) 假设存在一个圆，它与圆周 C_1 切于点 P，如图 2－14 所示.

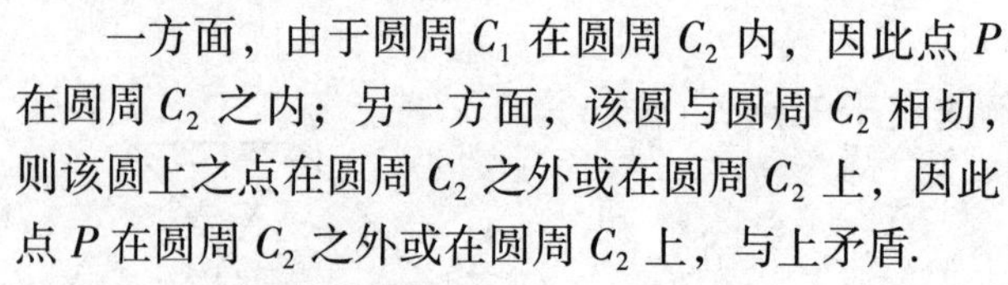

一方面，由于圆周 C_1 在圆周 C_2 内，因此点 P 在圆周 C_2 之内；另一方面，该圆与圆周 C_2 相切，则该圆上之点在圆周 C_2 之外或在圆周 C_2 上，因此点 P 在圆周 C_2 之外或在圆周 C_2 上，与上矛盾.

所以这样的圆不存在.

(2) 仿 (1) 可证.

图 2－14

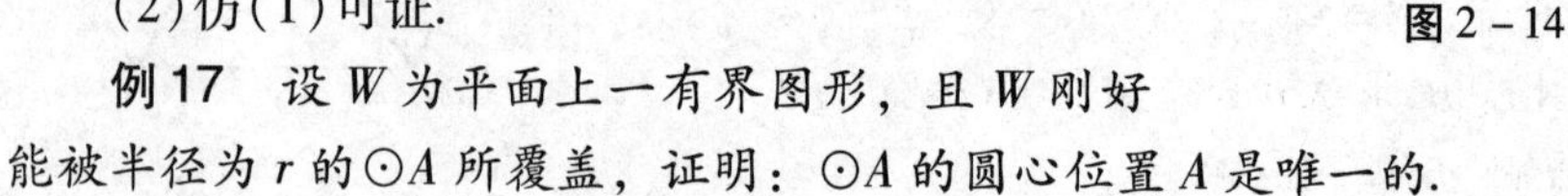

例 17　设 W 为平面上一有界图形，且 W 刚好能被半径为 r 的 $\odot A$ 所覆盖，证明：$\odot A$ 的圆心位置 A 是唯一的.

证明：假设 A 点的位置不唯一，不妨设还有另一点 B，即以 B 点为圆心以 r 为半径的圆也能覆盖 W，则 W 必存在于 $\odot A$ 与 $\odot B$ 的公共部分.

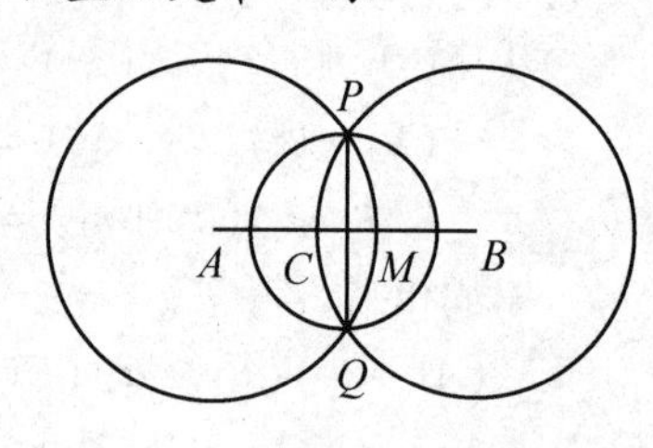

图 2－15

设 $\odot A$ 与 $\odot B$ 的公共弦为 PQ，令以 $r_1 = \frac{1}{2}PQ$ 为半径，以 AB 与 PQ 的交点 C(PQ 之中点) 为圆心作圆，如图 2－15 所示，设 AB 与 $\odot A$ 交于 M，则

$$r_1 = \sqrt{r^2 - AC^2} < r \tag{1}$$

又 $\because CM^2 - {r_1}^2 = (r - AC)^2 - (r^2 - AC^2) = 2AC(AC - r) < 0$.

$$\therefore CM < r_1. \tag{2}$$

由 (1)、(2) 两式说明 $\odot C$ 能覆盖图形 W，且 $r_1 < r$，这与题设 W 刚好能被半径为 r 的圆所覆盖相矛盾.

故　$\odot A$ 的圆心 A 点的位置是唯一的.

三、几何图形形状的判断问题

考查一个几何图形是一个什么形状的几何图形，特别是判断它是否为某种特殊形状的几何图形，有利于我们对这个几何图形的进一步研究. 判断一个几何图形是否为某种特殊的几何图形一般可根据其定义或者判定定理. 但是，如果所给问题的已知条件不能或难以应用其定义或定理来作出判断，那就使用反证法.

例 18　在四边形 $ABCD$ 中，对角线 AC，BD 相交于 O，且 $\angle A=\angle C$，$OB=OD$，证明：四边形 $ABCD$ 是平行四边形.

证明：如图 2－16 所示，假设 $ABCD$ 不是平行四边形. 因 $OB=OD$，则必有 $OA\neq OC$.

1°　若 $OA<OC$，在 OC 上取 $OE=OA$，连 DE，BE，则 $ABED$ 是平行四边形.

$\therefore\ \angle A=\angle BED=\angle BEO+\angle OED.$

又 $\angle BEO>\angle BCO$，$\angle OED>\angle OCD$.

于是有 $\angle A>\angle BCO+\angle OCD=\angle C$　与已知矛盾.

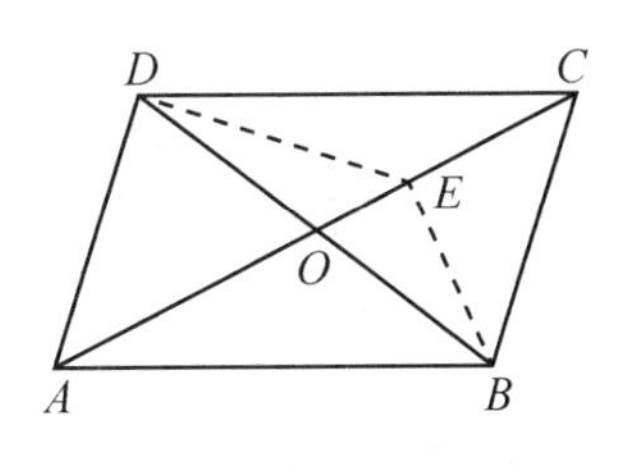

图 2－16

2°　若 $OA>OC$，依同法可证与已知矛盾.

故　四边形 $ABCD$ 是平行四边形.

例 19　如果圆内接 n 边形周界最大，那么这个 n 边形必是正 n 边形.

证明：如图 2－17 所示，假设 $A_1A_2\cdots A_n$ 不是正 n 边形，那么它至少有一邻边不相等，不妨设弦 $A_nA_1>$ 弦 $A_{n-1}A_n$.

设 B 是 $\overset{\frown}{A_1A_{n-1}}$ 的中点，连接 A_1B，$A_{n-1}B$，则

$A_{n-1}B+BA_1>A_{n-1}A_n+A_nA_1$

n 边形 $A_1A_2\cdots A_{n-1}B$ 与 n 边形 $A_1A_2\cdots A_{n-1}A_n$ 的周界分别为：

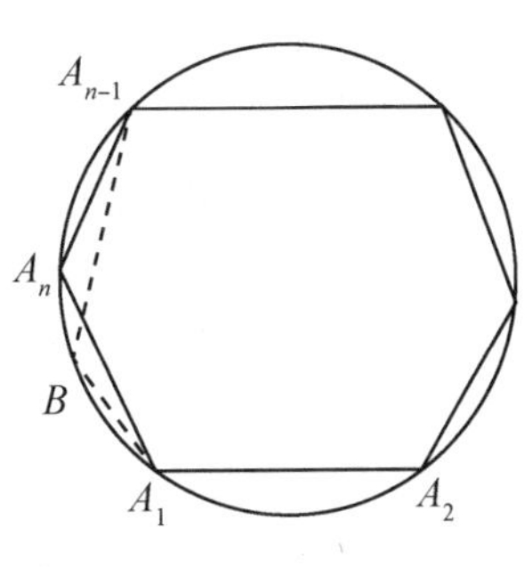

图 2－17

$P_1=A_1A_2+A_2A_3+\cdots+A_{n-2}A_{n-1}+A_{n-1}B+BA_1$

$P=A_1A_2+A_2A_3+\cdots+A_{n-2}A_{n-1}+A_{n-1}A_n+A_nA_1.$

由上面三个式子即可得

$P_1>P$　这与题设 P 为最大相矛盾.

故　$A_1A_2\cdots A_n$ 是正 n 边形.

§2-3　反证法在立体几何中的应用

立体几何的内容主要有两项：一是研究几何元素之间的位置关系，二是研究多面体与旋转体的性质以及它们的面积与体积的计算，可见几何元素之间的位置关系在立体几何中所占的地位之重要. 反证法在立体几何中的应用主要是用于解答几何元素之间的位置关系的相关问题.

一、几何元素之间的位置关系问题

立体几何中几何元素之间的位置关系主要是直线与直线、直线与平面、平面与平面的位置关系. 异面直线是空间两条不重合的直线的位置关系中的一种特殊情况. 要证明空间中的两条直线为异面直线依据很少，只有它的定义："不在同一个平面内的两条直线"，因此，常常应用反证法.

例1　求证：分别和两条异面直线相交于不同点的两条直线是异面直线.

证明：设直线 c，d 分别与异面直线 a，b 相交于不同的四点 E，F，G，H(如图2-18所示).

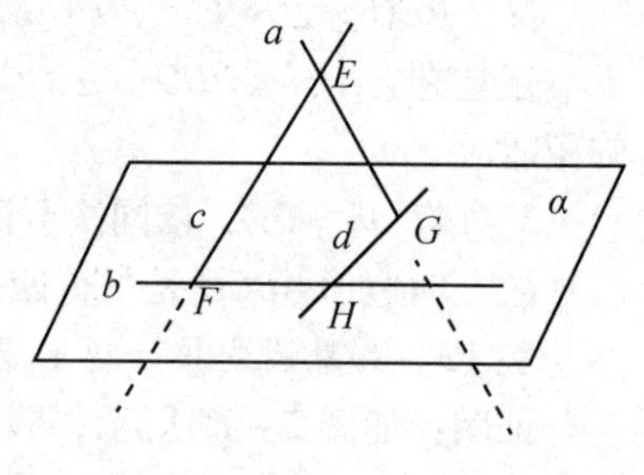

图2-18

假设 c，d 不是异面直线，则它们就在同一个平面 α 内，这样 E，F，G，H 也都在平面 α 内.

$\therefore a\subset\alpha$，$b\subset\alpha$，这与已知 a，b 是异面直线矛盾.

故　c，d 为异面直线.

例2　求证：空间四边形 $ABCD$ 的两条对角线 AC，BD 是异面直线.

证明：假设 AC 和 BD 不是异面直线，那么 AC，BD 是平行或相交的直线. 它们确定平面 M.

于是 A，B，C，D 都在平面 M 内，这与 $ABCD$ 是空间四边形矛盾.

故　AC，BD 是异面直线.

例3　在两个相交平面的交线上取两点，分别过这两点在两个平面上各作一条异于交线的直线，试证所作两条直线是异面直线.

已知：如图2-19所示，平面 M 与平面 N 相交于直线 CD，点 A，B 在 CD 上，直线 AE 在平面 N 内，直线 BF 在平面 M 内.

求证：AE 和 BF 是异面直线.

证明：假设直线 AE，BF 不是异面直线，则它们必共面，因此 A，B，

E，F 在同一平面内．即 A，B，E 所确定的平面与 A，B，F 所确定的平面重合，亦即平面 M 与平面 N 重合，这与已知平面 M 与平面 N 相交矛盾．

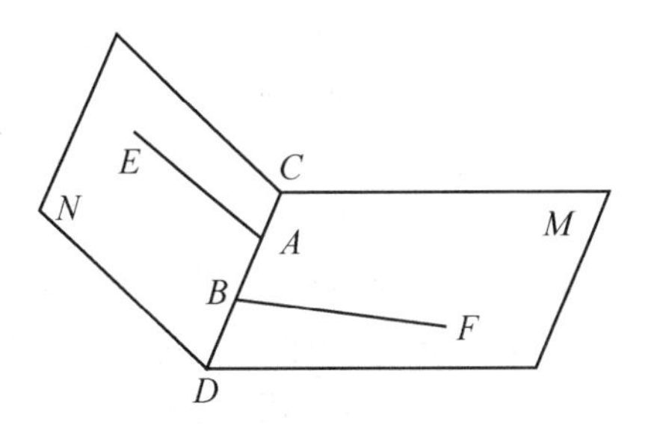

图 2－19

故　AE 与 BF 是异面直线．

例4　和两条异面直线 AB，CD 同时相交的两条直线 AC，BD 一定是异面直线．

证明：如图 2－20 所示，假设 AC，BD 不是异面直线，必须有 $AC /\!/ BD$ 或 AC 与 BD 相交．

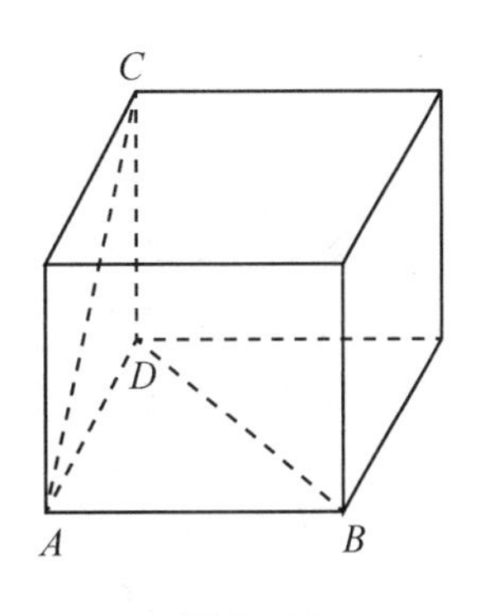

图 2－20

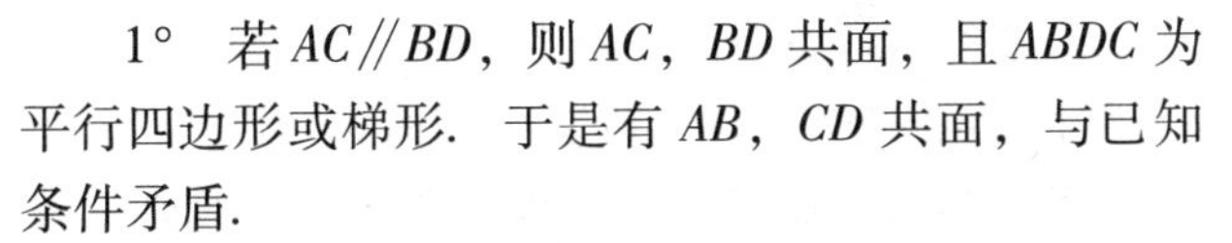

1°　若 $AC /\!/ BD$，则 AC，BD 共面，且 $ABDC$ 为平行四边形或梯形．于是有 AB，CD 共面，与已知条件矛盾．

2°　若 AC 与 BD 相交，则 $ABDC$ 为一平面，而 AB，CD 分别与此平面有两个交点，则 AB 与 CD 必落在此平面内，于是 AB，CD 为共面直线，与已知条件矛盾．

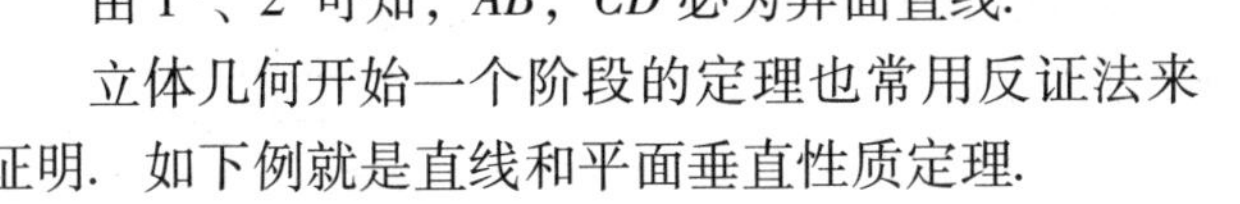

由 1°、2°可知，AB，CD 必为异面直线．

立体几何开始一个阶段的定理也常用反证法来证明．如下例就是直线和平面垂直性质定理．

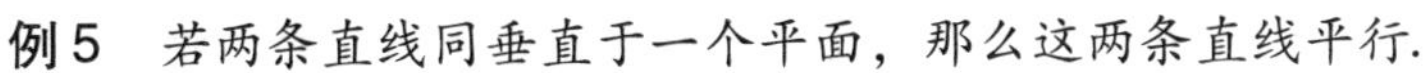

例5　若两条直线同垂直于一个平面，那么这两条直线平行．

证明：设直线 a，b 分别垂直于平面 α（如图2－21所示）．

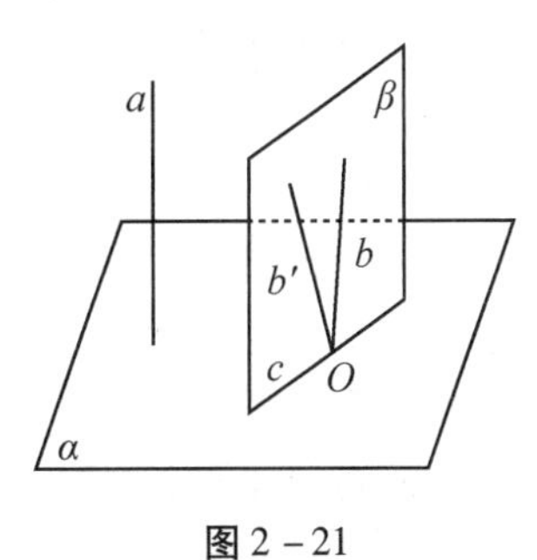

图 2－21

假设 b，a 不平行，则过 O 点作 $b' /\!/ a$，那么两相交直线 b 与 b' 可决定一个平面 β，平面 β 与平面 α 有交点 O，则必有交线 c．

$\because b' /\!/ a$，而 $a \perp$ 平面 α，$\therefore b' \perp$ 平面 α．

$\therefore b' \perp$ 交线 c．又 $b \perp$ 平面 α，$c \supset \alpha$．$\therefore b \perp c$．

这样，过 c 上一点 O 同时可作两条直线 b' 与 b 垂直于直线 c，这是不可能的．

故　$a /\!/ b$．

直线与平面、平面与平面的位置关系有判定定理也有性质定理，但是有的问题用不上或者直接应用这些定理作出判断有困难，这时也要用到反证法．

例6 已知平面$\alpha /\!/$平面β，且直线a与平面α相交于A点，求证：直线a与平面β相交.

证明：假设直线a与平面β不相交，则α落在平面β内或$a /\!/$平面β.

1° 若a落在平面β内，$\because A\in$直线a，$\therefore$平面α与平面β有公共点A，与已知$\alpha /\!/ \beta$相矛盾. 故直线a不落在平面β内.

2° 若$a /\!/$平面β，过直线a与平面β上的一点作一平面γ.

$\because a$与平面α相交于A点，$\therefore$平面γ与平面α，β都相交. 设交线分别为b和c，显然有a与b相交于A点，且$a /\!/ c$.

$\because$平面$\alpha /\!/$平面β，$\therefore b /\!/ c$.

这样，在平面γ内过A点有两条直线a和b都平行于c，这是不可能的，所以a与平面β相交.

由1°，2°知，直线a与平面β必相交.

例7 过两异面直线中一条上各点，引另一条直线之平行线，求证：这些直线必同一平面内.

证明：设m，n为异面直线，且$a /\!/ b /\!/ c /\!/ m$(如图2－22所示).

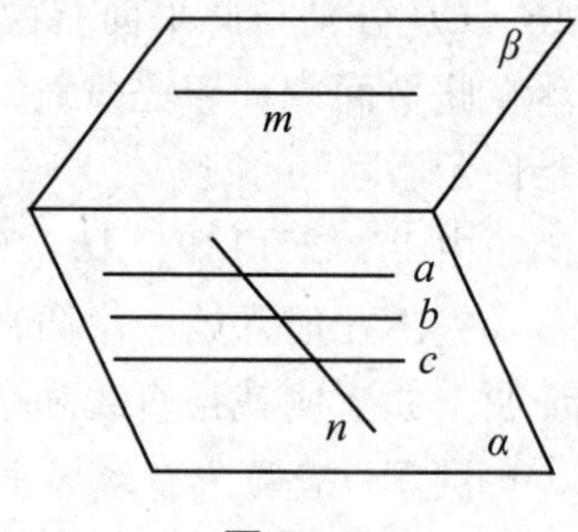

图2－22

$\because b /\!/ c$，

$\therefore$过b，c可作一平面α，假设a与b，c不在同一平面内则a在平面α之外.

$\because a /\!/ b /\!/ c$，$\therefore a /\!/$平面α. (1)

$\because$直线n与b，c相交.

$\therefore$直线n必落在过b，c的平面α内. (2)

由(1)、(2)可知直线a与直线n不相交. 与已知条件矛盾.

故 a，b，c，…必在同一平面内.

例8 若两平面分别平行于第三个平面，则此两平面平行.

证明：如图2－23所示，平面$\alpha /\!/$平面β，平面$\gamma /\!/$平面β.

假设平面α与平面γ不平行，则α与γ必相交.

由$\alpha /\!/ \beta$，则可知β与γ必相交，这与题设相矛盾.

故 平面$\alpha /\!/$平面γ.

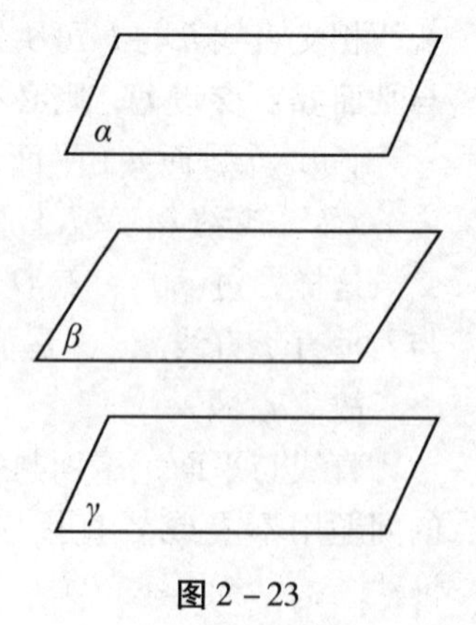

图2－23

注：此题也可以不用反证法来证明.

例 9　直线 a 和 b 不平行，且直线 a 垂直平面 M，直线 b 垂直平面 N. 求证平面 M 与平面 N 必相交.

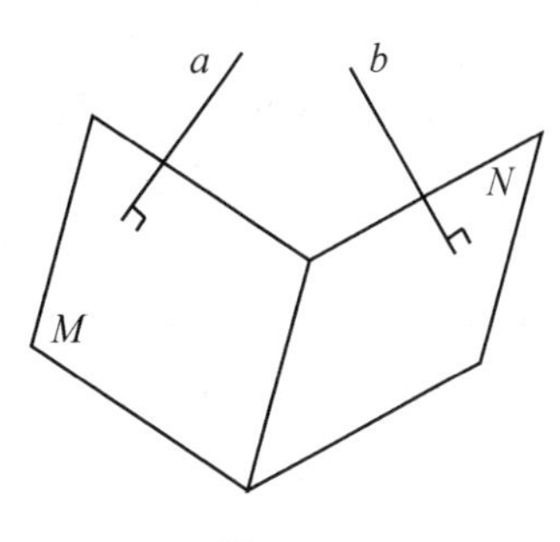

图 2－24

证明：如图 2－24 所示，假设平面 M 与 N 不相交，则 $M /\!/ N$ 或 M 与 N 重合.

1°　若 $M /\!/ N$，$\because a \perp M$，由两个平行平面的性质定理知　$a \perp N$.

又　$b \perp N$，根据直线和平面垂直的性质定理得

$a /\!/ b$，这与已知条件 a 与 b 不平行矛盾.

2°　若平面 M 和平面 N 重合.

$\because a \perp M$，即 $a \perp N$，又 $b \perp N$

$\therefore a /\!/ b$ 也与已知条件 a 不平行于 b 矛盾.

故　平面 M 与平面 N 必相交.

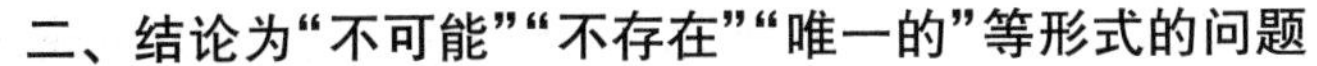

二、结论为“不可能”“不存在”“唯一的”等形式的问题

与平面几何一样，在立体几何中也有一些结论为“不可能”“不存在”“唯一的”等形式的问题，用直接证法不能解答或难以解答，而用反证法则比较简单.

例 10　已知 a，b 是异面直线，求证：a，b 不能垂直于同一个平面，也不能平行于同一条直线.

证明：假设 a，b 同垂直一个平面 α，则 $a /\!/ b$，与 a，b 为异面直线矛盾.

假设 a，b 同平行于一条直线，则 $a /\!/ b$，也与 a，b 为异面直线矛盾.

故　a，b 不可能同垂直于一个平面，也不可能同平行于一条直线.

例 11　求证：两个相交平面不能有一条公垂线.

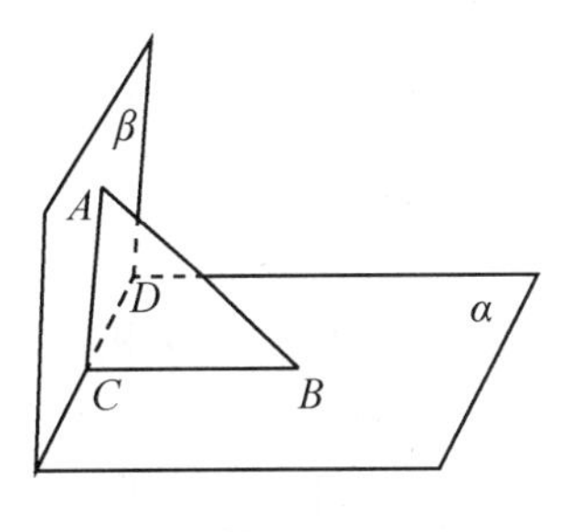

图 2－25

证明：假设两个相交平面 α 和 β 有一条公垂线 AB（如图 2－25 所示），过 AB 任作一平面，设分别与 α，β 相交于 BC，AC.

$\because AB \perp$ 平面 α，BC 在平面 α 内.

$\therefore AB \perp BC$，同理可证 $AB \perp AC$.

于是在同一平面 ABC 内，过一点 C 有 AC，BC 两条直线垂直 AB，而这是不可能的，所以上述假设不成立.

故　平面 α 和平面 β 没有公共垂线.

例12 已知一个平面与三面角 $S-ABC$ 的各棱相截，交点分别为 A，B，C，并且三面角 $S-ABC$ 的面角 ASB 与面角 ASC 都是直角，面角 BSC 是锐角. 求证：三面角 $S-ABC$ 的顶点 S 在平面 ABC 内的射影 H 不可能落在 $\triangle ABC$ 的 AB 边或 AC 边的高线上.

证明：如图2-26所示，设 H 为顶点 S 在平面 ABC 内的射影. 假设 H 点落在 $\triangle ABC$ 的边 AB 的高线上，连接 CH，延长交 AB 于 F，则 $CF\perp AB$.

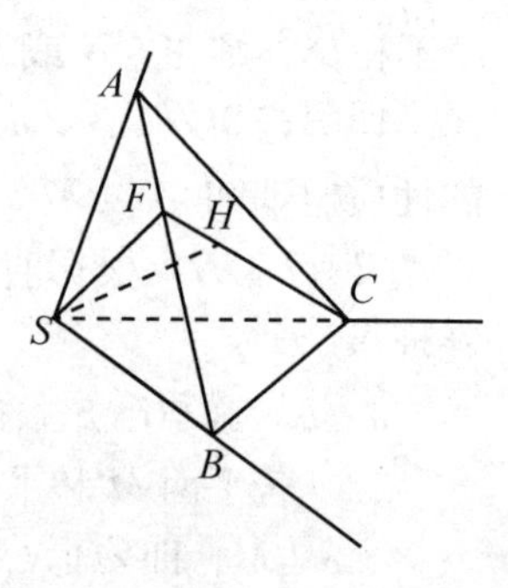

图2-26

$\because SH\perp$ 平面 ABC，HF 为 SF 在平面 ABC 内的射影，根据三垂线定理 $SF\perp AB$，于是 $AB\perp$ 平面 SFC.

$\because SC\subset$ 平面 SFC，$\therefore AB\perp SC$.

由已知 $AS\perp SB$，$AS\perp SC$，有 $AS\perp$ 平面 SBC，而 SB 为 AB 在平面 SBC 内的射影，根据三垂线定理的逆定理有 $SB\perp SC$，于是 $\angle BSC$ 为直角，与已知条件 $\angle BSC$ 为锐角相矛盾.

所以，H 点不可能落在 AB 边的高线上. 同理可证 H 点也不可能落在 AC 边的高线上.

例13 证明具有奇数个面，且每个面都是奇数条边的多边形，这样的多面体是不存在的.

证明：假设存在这样的多面体，它有奇数个面，且每个面都是奇数条边的多边形，设多面体有 n 条棱，而每个面分别有 a，b，c，…，m 条边.

因每条棱是相连接的两个面的公共边，故所有面的总边数是棱数的两倍. 即

$$a+b+c+\cdots+m=2n$$

由于假设每个面都是奇数条边，即 a，b，c，…，m 都是奇数，又面数也是奇数，所以 $a+b+c+\cdots+m$ 是奇数，而上述等式右边为偶数，矛盾.

故　有奇数个面且每个面是奇数条边的多边形的多面体不存在.

例14 已知 a 和 b 是异面直线，求证：过 a 且平行于 b 的平面只能作一个.

证明：假设过 a 且平行于 b 的平面不止一个，那么至少有两个，设为平面 α 和 β，在直线 a 上取一点 A，过直线 b 和点 A 作平面 γ，则平面 γ 与平面 α 和平面 β 分别相交于过 A 点的直线 c 和 d.

$\because b/\!/\alpha$，$b/\!/\beta$. $\therefore b/\!/c$，$b/\!/d$.（直线与直线的判定定理）

$\because a$ 和 b 是异面直线.

$\therefore c$ 和 d 是不同于 a 的两条相交直线，这样，在平面 γ 内存在两条相交直线 c 和 d，它们都平行于直线 b，这是不可能的.

故　过 a 且平行于 b 的平面只能有一个.

三、其他问题

例 15　设 A，B，C，D 是空间四点，且 $\angle ABC=\angle ADC=\angle DAB=\angle BCD=\frac{\pi}{2}$，求证：$A$，$B$，$C$，$D$ 四点共面.

证明：如图 2－27 所示，假设 A，B，C，D 不共面，不妨设 A，B，D 在一个平面 α 内，则 $C\notin\alpha$，在 α 内过 B，D 两点分别作 AD，AB 的平行线，相交于 E 点，由已知易证 $A-BED$ 是矩形，连 CE.

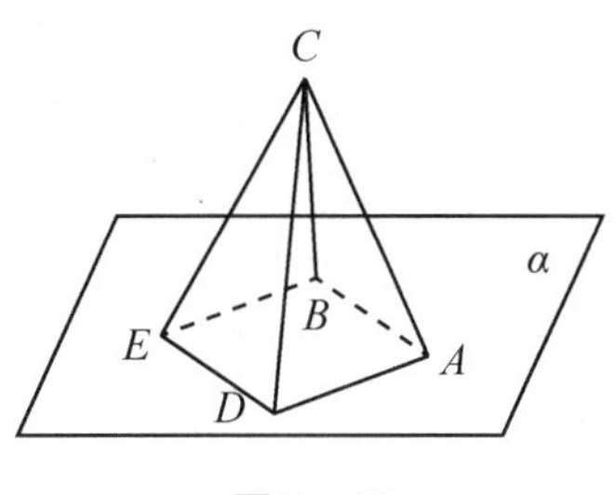

图 2－27

$\because AD\perp CD$，$AD\perp DE$，$CD\cap DE=D$.

$\therefore AD\perp$ 平面 CDE，又 $AD/\!/BE$，$\therefore BE\perp$ 平面 CDE.

又 $\because BC\perp AB$，$AB/\!/ED$，$\therefore BC\perp CD$，而 $BC\perp ED$，$ED\cap CD=D$.

$\therefore BC\perp$ 平面 CDE.

这样，过平面外一点 B，有两条直线 BE，BC 都与该平面垂直，这是不可能的，所以点 C 在平面 α 外不成立.

故　A，B，C，D 四点共面.

例 16　如图 2－28 所示，已知一个平面与三面角 $S-ABC$ 的各棱相截，交点分别为 A，B，C，并且 $SA=BC$，$SB=CA$，$SC=AB$，求证：所截得的四面体 $SABC$ 的四个界面都是锐角三角形.

证明：$\because$ 四面体的三组对棱分别相等.

$\therefore$ 四面体的四个界面三角形全等，于是各三角形的对应元素相等.

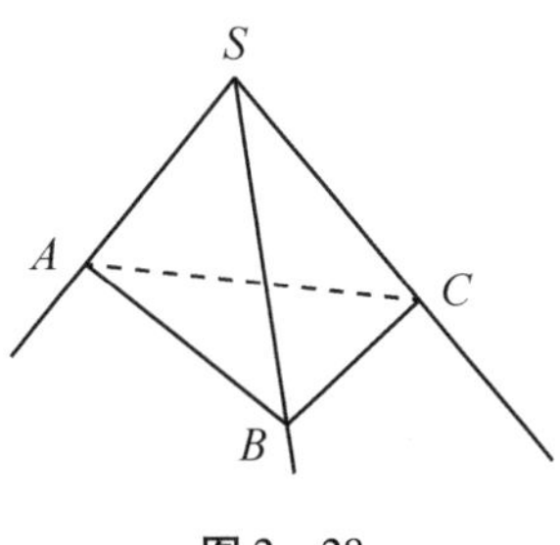

图 2－28

假设四面体的四个界面不全是锐角三角形，那么其中至少有一个是直角三角形或钝角三角形，不妨设 $\triangle ABC$ 中 $\angle ABC\geqslant 90°$.

$\because \angle ABC+\angle BCA+\angle CAB=180°$.

$\therefore \angle BCA+\angle CAB\leqslant 90°$.

又在三面角 $S-ABC$ 中，根据“三面角的任

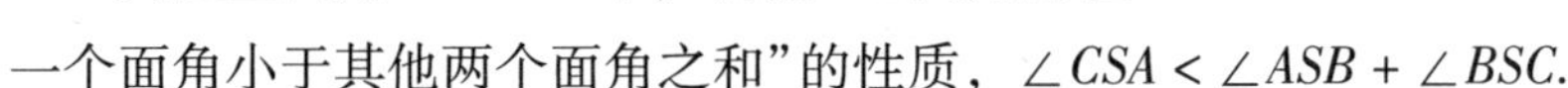
一个面角小于其他两个面角之和”的性质，$\angle CSA<\angle ASB+\angle BSC$.

$\because \angle ASB=\angle BCA$，$\angle BSC=\angle CAB$，$\angle CSA=\angle ABC$.

$\therefore \angle ABC<\angle BCA+\angle CAB\leqslant 90°$，从而 $\angle ABC<90°$ 与 $\angle ABC\geqslant 90°$ 的假设相矛盾.

故　四面体 $SABC$ 的各界面都是锐角三角形.

例 17　从空间一点 O 出发最多能作几条两两夹角大于 $90°$ 的射线?

解: 最多只能作出四条. 现在证不可能多于四条.

假设有多于四条，任取其中五条，记为 l_1，l_2，l_3，l_4，l_5，若作过 O 的 l_1 的垂直平面，则 l_2，l_3，l_4，l_5 和 l_1 必在该平面的异侧.

于是可能有两种情况:

$1°$　若 l_2，l_3，l_4，l_5 中有三条(不妨设为 l_2，l_3，l_4)构成一个三面角，这时可过 O 作 l_5 的垂直平面，则 l_2，l_3，l_4 和 l_5 分处此平面两侧，即 l_5 不在所说的三面角内，但 l_2，l_3，l_4，l_5 又处在一个半空间内，故 l_2，l_3，l_4，l_5 构成凸四面角，这样将得到一个四个面角之和大于 $360°$ 的凸四面角. 这是不可能的.

$2°$　若 l_2，l_3，l_4，l_5 中有三条或四条共面，也容易证得矛盾.

故　从空间一点 O 出发最多只能作出四条两两夹角大于 $90°$ 的射线.

§2-4　反证法在平面三角和平面解析几何中的应用

反证法在平面三角和平面解析几何中的应用主要有以下几个方面.

一、三角函数的周期问题

例 1　试证明 $y=\sin|x|$ 不是周期函数.

证明: 当 $x\geqslant 0$ 时，$\sin|x|=\sin x$，假设 $\sin|x|$ 是周期函数，那么它的周期 T 只能取 $2k\pi(k=\pm 1,\ \pm 2,\ \cdots)$ 的形式，不妨取在 $k>0$ 的情形讨论. $k<0$ 类似.

由周期函数定义，有

$$\sin|x+2k\pi|=\sin|x|$$

令 $x=-\frac{3}{2}\pi$，得到

$$1=\sin\left|-\frac{3}{2}\pi+2k\pi\right|=\sin\left|-\frac{3}{2}\pi\right|=-1.$$

这是不可能的.

故　$y=\sin|x|$ 不是周期函数.

例 2　证明函数 $\cos\sqrt[3]{x}$ 不是周期函数.

证明: 假设 $\cos\sqrt[3]{x}$ 是以 $T(\neq 0)$ 为周期的周期函数.

则有 $\cos\sqrt[3]{x+T}=\cos\sqrt[3]{x}$ 对 x 的一切允许值都成立.

令 $x=0$ 有 $\cos\sqrt[3]{T}=1$. 所以 $\sqrt[3]{T}=2k\pi(k\in\mathbf{J})$.

令 $x=T$，有 $\cos\sqrt[3]{2T}=\cos\sqrt[3]{T}=1$. 所以 $\sqrt[3]{2T}=2l\pi(l\in\mathbf{J})$

$\because T\neq 0.\quad \therefore \dfrac{\sqrt[3]{2T}}{\sqrt[3]{T}}=\dfrac{2l\pi}{2k\pi}$. 即$\sqrt[3]{2}=\dfrac{l}{k}$.

但$\sqrt[3]{2}$是无理数，而$\dfrac{l}{k}$是有理数，于是产生无理数等于有理数的矛盾.

故　$\cos\sqrt[3]{x}$不是周期函数.

例 3　证明 $y=x+\cos x$ 不是周期函数.

证明：假设 $y=x+\cos x$ 是以 T 为周期的周期函数，则

$(x+T)+\cos(x+T)=x+\cos x$

即 $\cos(x+T)-\cos x=-T$，对 x 的一切允许值都成立.

$\therefore\ -2\sin\left(x+\dfrac{T}{2}\right)\sin\dfrac{T}{2}=-T\quad \sin\left(x+\dfrac{T}{2}\right)=\dfrac{T}{2\sin\dfrac{T}{2}}$

该式左边是 x 的函数，随 x 的不同值而变化；而右边为一常数，所以等式 $\sin\left(x+\dfrac{T}{2}\right)=\dfrac{T}{\sin\dfrac{T}{2}}$不可能恒成立.

故　$y=x+\cos x$ 不是周期函数.

例 4　求证函数 $f(x)=|\cos x|+|\sin x|$的最小正周期是$\dfrac{\pi}{2}$.

证明：$\because f\left(x+\dfrac{\pi}{2}\right)=\left|\cos\left(x+\dfrac{\pi}{2}\right)\right|+\left|\sin\left(x+\dfrac{\pi}{2}\right)\right|$

$$=|\sin x|+|\cos x|=f(x)$$

$\therefore\ \dfrac{\pi}{2}$是$f(x)$的周期.

假设$\dfrac{\pi}{2}$不是$f(x)$的最小正周期，则有满足 $0<T'<\dfrac{\pi}{2}$的周期 T'存在，使得$f(x+T')=f(x)$，即

$|\cos(x+T')|+|\sin(x+T')|=|\cos x|+|\sin x|$

对 x 的一切取值均成立.

令 $x=-T'$，则有

$1=\cos T'+\sin T'=\sqrt{2}\sin\left(T'+\dfrac{\pi}{4}\right)$

$\therefore \sin\left(T'+\dfrac{\pi}{4}\right)=\dfrac{\sqrt{2}}{2}$.

$\because 0 < T' < \frac{\pi}{2}$，$\frac{\pi}{4} < T' + \frac{\pi}{4} < \frac{3\pi}{4}$.

但当 $x \in (\frac{\pi}{4}, \frac{3\pi}{4})$ 时，$\sin x > \frac{\sqrt{2}}{2}$，这与 $\sin(T' + \frac{\pi}{4}) = \frac{\sqrt{2}}{2}$ 矛盾.

故　$\frac{\pi}{2}$ 是 $f(x)$ 的最小正周期.

二、三角恒等式与不等式问题

三角恒等式与不等式的证明，一般情况下，用直接证法，有的问题既可用直接证法，也可用反证法，但用反证法更简单，有的问题则只能用反证法.

例5　是否存在 $\triangle ABC$，使等式：$\mathrm{tg}A + \mathrm{tg}B + \mathrm{tg}C = \mathrm{ctg}A + \mathrm{ctg}B + \mathrm{ctg}C$ 成立？

证明：假设这样的 $\triangle ABC$ 存在. 令 $m = \mathrm{tg}A$，$n = \mathrm{tg}B$，$l = \mathrm{tg}C$，则 $m + n + l = \mathrm{tg}A + \mathrm{tg}B + \mathrm{tg}C = \mathrm{tg}A\mathrm{tg}B\mathrm{tg}C = mnl$.

又 $m + n + l = \mathrm{tg}A + \mathrm{tg}B + \mathrm{tg}C = \mathrm{ctg}A + \mathrm{ctg}B + \mathrm{ctg}C = \frac{1}{m} + \frac{1}{n} + \frac{1}{l}$

$$= \frac{nl + ml + mn}{mnl}$$

$\therefore (m + n + l)^2 = nl + ml + mn$

即 $m^2 + n^2 + l^2 + 2mn + 2ml + 2nl = nl + ml + mn$

于是有 $(m + n)^2 + (n + l)^2 + (l + m)^2 = 0$，这个等式显然不成立.

故　符合条件的三角形不存在.

例6　设锐角 α，β 满足 $\sin^2\alpha + \sin^2\beta = \sin(\alpha + \beta)$，求证：$\alpha + \beta = 90°$（苏联第17届数学奥林匹克赛题）.

证明：$\because \sin^2\alpha + \sin^2\beta = \sin(\alpha + \beta) = \sin\alpha\cos\beta + \cos\alpha\sin\beta$

$$\therefore \sin\alpha(\sin\alpha - \cos\beta) = \sin\beta(\cos\alpha - \sin\beta) \qquad (1)$$

假设 $\alpha + \beta \neq 90°$，则 $\alpha + \beta > 90°$ 或 $\alpha + \beta < 90°$.

当 $\alpha + \beta > 90°$ 时，有 $\alpha > 90° - \beta$. $\therefore \sin\alpha > \cos\beta$，$\cos\alpha < \sin\beta$.

于是有 $\sin\alpha(\sin\alpha - \cos\beta) > 0$，$\sin\beta(\cos\alpha - \sin\beta) < 0$ 与(1)矛盾.

当 $0° < \alpha + \beta < 90°$ 时，有 $0° < \alpha < 90° - \beta$. $\therefore \sin\alpha < \cos\beta$，$\cos\alpha > \sin\beta$.

于是有 $\sin\alpha(\sin\alpha - \cos\beta) < 0$，$\sin\beta(\cos\alpha - \sin\beta) > 0$ 也与(1)矛盾.

故　$\alpha + \beta = 90°$.

例7　是否存在实数 a，b 使函数 $f(x) = ax + b$ 对于所有的 $x \in [0, 2\pi]$ 都满足不等式：$[f(x)]^2 - \cos x \cdot f(x) < \frac{1}{2}\sin^2 x$（苏联中学生赛题）.

证明：假设存在实数 a，b 满足题设条件，则

$$(ax+b)^2-\cos x\cdot(ax+b)<\frac{1}{2}\sin^2 x=\frac{1}{2}-\frac{1}{2}\cos^2 x.$$

$$(ax+b)^2-\cos x\cdot(ax+b)+\frac{1}{2}\cos^2 x<\frac{1}{2}$$

$$(ax+b)^2-\cos x\cdot(ax+b)+(\frac{1}{2}\cos x)^2<\frac{1}{2}$$

$$[(ax+b)-\frac{1}{2}\cos x]^2<\frac{1}{2}$$

令 $x=0$；$x=2\pi$，得 $b>0$；$2\pi a+b>0$.

而 $\pi a+b=\frac{1}{2}(2\pi a+b)+\frac{1}{2}b>0$

$\therefore \left|(\pi a+b)-\frac{1}{2}\cos\pi\right|=\pi a+b+\frac{1}{2}>\frac{1}{2}$.

但若令 $x=\pi$，则 $\left|(\pi a+b)-\frac{1}{2}\cos\pi\right|<\frac{1}{2}$ 与上式矛盾.

故　满足条件的实数 a，b 不存在.

例 8　α，β，γ 为锐角，且 $\sin^2\alpha+\sin^2\beta+\sin^2\gamma=1$，求证：$\alpha+\beta+\gamma>\frac{\pi}{2}$.

证明：假设原不等式不成立，则 $\alpha+\beta+\gamma\leqslant\frac{\pi}{2}$.

即 $0<\alpha+\beta\leqslant\frac{\pi}{2}-\gamma<\frac{\pi}{2}$.

$\therefore 0<\sin(\alpha+\beta)\leqslant\sin(\frac{\pi}{2}-\gamma)$.

即 $0<\sin\alpha\cos\beta+\cos\alpha\sin\beta\leqslant\cos\gamma$.

两边平方得 $\sin^2\alpha\cos^2\beta+\cos^2\alpha\sin^2\beta+2\sin\alpha\cos\beta\cos\alpha\sin\beta$

$$\leqslant\cos^2\gamma=1-\sin^2\gamma=\sin^2\alpha+\sin^2\beta$$

移项得 $\sin^2\alpha(1-\cos^2\beta)+\sin^2\beta(1-\cos^2\alpha)-2\sin\alpha\sin\beta\cos\alpha\cos\beta\geqslant 0$

即 $2\sin\alpha\sin\beta(\sin\alpha\sin\beta-\cos\alpha\cos\beta)$

$$=-2\sin\alpha\sin\beta\cos(\alpha+\beta)\geqslant 0 \tag{1}$$

$\because 0<\alpha<\frac{\pi}{2}$，$0<\beta<\frac{\pi}{2}$，$0<\alpha+\beta<\frac{\pi}{2}$.

$\therefore \sin\alpha$，$\sin\beta$，$\cos(\alpha+\beta)$ 均为正值. 因此(1)式不可能成立.

故　$\alpha+\beta+\gamma>\frac{\pi}{2}$.

三、三角方程问题

三角方程的无解及唯一解的问题，一般都用反证法.

例 9　试证方程 $\sin 2x \cdot \sin 6x = 1$ 无解.

证明：假设该方程有解.

由于 $|\sin 2x| \leqslant 1$，$|\sin 6x| \leqslant 1$. 所以须有

$$\sin 2x = \sin 6x = \pm 1$$

才行，另一方面，由于

$$\begin{aligned} 0 &= 1 - \sin 2x \sin 6x = 1 + \frac{1}{2}(\cos 8x - \cos 4x) \\ &= \frac{1}{2}(1 + \cos 8x) + \frac{1}{2}(1 - \cos 4x) \\ &= \cos^2 4x + \sin^2 2x \end{aligned}$$

$\therefore \cos 4x = \sin 2x = 0.$

这样，$\sin 2x$ 必须既等于 ± 1，又等于 0，自相矛盾.

故　方程 $\sin 2x \sin 6x = 1$ 无解.

例 10　求证：方程 $y = \sin x + c$(其中 c 是常数)至多有一个解.

证明：假设方程有两个解，设其为 x_1，x_2，则

$$x_1 = \sin x_1 + c，x_2 = \sin x_2 + c$$

并且 $x_1 \neq x_2$，于是

$$\begin{aligned} |x_1 - x_2| &= |\sin x_1 - \sin x_2| \\ &= 2\left|\cos\frac{x_1 + x_2}{2}\right| \cdot \left|\sin\frac{x_1 - x_2}{2}\right| \\ &< 2\left|\cos\frac{x_1 + x_2}{2}\right| \cdot \left|\frac{x_1 - x_2}{2}\right| \\ &= \left|\cos\frac{x_1 + x_2}{2}\right| \cdot |x_1 - x_2| \end{aligned}$$

即 $|x_1 - x_2| < \left|\cos\frac{x_1 + x_2}{2}\right| \cdot |x_1 - x_2|$.

$\because x_1 \neq x_2$，　$\therefore |x_1 - x_2| > 0$，上式即可得

$\left|\cos\frac{x_1 + x_2}{2}\right| > 1$.　　与 $\left|\cos\frac{x_1 + x_2}{2}\right| \leqslant 1$ 矛盾.

故　方程 $y = \sin x + c$ 至多有一个解.

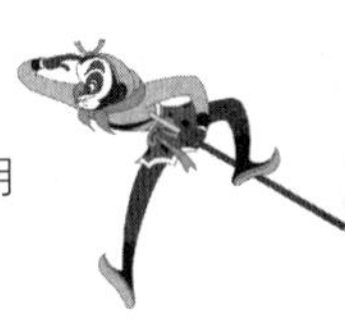

四、其他三角问题

例 11　证明：反正弦、反正切函数是单调增函数；反余弦、反余切函数是单调减函数.

证明： 假设反正弦函数不是单调增函数，则定义域内存在满足 $-1\leqslant x_1<x_2\leqslant 1$ 的 x_1，x_2，使不等式 $\arcsin x_1\geqslant\arcsin x_2$ 成立.

$\because -\dfrac{\pi}{2}\leqslant\arcsin x_1\leqslant\dfrac{\pi}{2}$，$-\dfrac{\pi}{2}\leqslant\arcsin x_2\leqslant\dfrac{\pi}{2}$.

而在 $\left[-\dfrac{\pi}{2},\dfrac{\pi}{2}\right]$ 上正弦函数是单调递增的.

$\therefore \sin(\arcsin x_1)\geqslant\sin(\arcsin x_2)$.

即 $x_1\geqslant x_2$，这与假设所给条件 $x_1<x_2$ 矛盾.

故　$y=\arcsin x$ 是单调增函数.

同法可证其他几个函数的单调性.

例 12　证明：当 α 为实数时，若 $\cos\alpha\pi=\dfrac{1}{3}$，则 α 必是无理数.

证明： 假设 α 为有理数，记 $\alpha=\dfrac{r}{s}$（r，s 为互质的整数）

则 $\cos n\alpha\pi=\cos\dfrac{nr\pi}{s}$，当 n 取遍所有自然数时，它至多只能有 $2s$ 个不同的值. 另一方面，记 $\theta=\alpha\pi$，则 $\cos2\theta=2\cos^2\theta-1=-\dfrac{7}{3^2}=\dfrac{t_1}{3^2}$，这里 $t_1=-7$. 不能被 3 整除，因而 $\cos2\theta=\dfrac{t_1}{3^2}$ 与 $\cos\theta=\dfrac{1}{3}$ 不相等，一般地，

设 $\cos2^{k-1}\theta=\dfrac{t_{k-1}}{3^{2^{k-1}}}$，其中 t_{k-1} 不能被 3 整除，则

$$\cos2^k\theta=2(\cos2^{k-1}\theta)^2-1=2\left(\frac{t_{k-1}}{3^{2^{k-1}}}\right)^2-1=\frac{2t_{k-1}^2-3^{2^k}}{3^{2^k}}$$

$$=\frac{t_k}{3^{2^k}}.$$

$\because t_{k-1}$ 不能被 3 整除，$\therefore t_k=2t_{k-1}^2-3^{2^k}$ 也不能被 3 整除.

所以 $\cos2^k\theta=\dfrac{t_k}{3^{2^k}}$ 与 $\cos\theta$，$\cos2\theta$，$\cdots$，$\cos2^{k-1}\theta$ 皆不相同，因此，当 n 取到 2^k（$k=0$，1，2，$\cdots$）时，$\cos n\theta$ 已取到无限多个不同的值，这样就产生了矛盾.

故 α 必不是有理数，即 α 是无理数.

例13 证明对任意既约分数$\frac{p}{q}$，arctg $\frac{p}{q}\neq\frac{m}{n}\cdot\pi$，其中$\frac{m}{n}$是既约分数.

证明：假设 $\theta=\text{arctg}\,\frac{p}{q}$，且 $\theta=\frac{m}{n}\cdot\pi$，其中$\frac{p}{q}$，$\frac{m}{n}$都是既约分数.

利用棣莫佛公式

$(\cos\theta+i\sin\theta)^n=\cos n\theta+i\sin n\theta$，$(\cos\theta-i\sin\theta)^n=\cos n\theta-i\sin n\theta$

$\because\ \theta=\frac{m}{n}\cdot\pi$，可得 $\sin n\theta=\sin m\pi=0$.

$\therefore\ (\cos\theta+i\sin\theta)^n=(\cos\theta-i\sin\theta)^n$.

因 $\text{tg}\theta=\frac{p}{q}$，$q\neq0$，$\cos\theta\neq0$，所以上式两边除以 $\cos^n\theta$ 得

$(1+i\text{tg}\theta)^n=(1-i\text{tg}\theta)^n$.

即$(1+i\cdot\frac{p}{q})^n=(1-i\cdot\frac{p}{q})^n$. $(q+ip)^n=(q-ip)^n$.

下面证明当 p 和 q 为互质的整数，且 $p\neq0$，$q\neq0$，以及 p，q 不同时等于 ±1 时，上式必不成立.

$\because\ (q-ip)^n=(q+ip)^n=[(q-ip)+2ip]^n$

$=(q-ip)^n+C_n^1(q-ip)^{n-1}\cdot2ip+C_n^2(q-ip)^{n-2}\cdot(2ip)^2+\cdots+$

$C_n^{n-1}(q-ip)(2ip)^{n-1}+(2ip)^n$

左右两边消去$(q-ip)^n$，并同时除以 $2ip$，得

$-(2ip)^{n-1}=(q-ip)[C_n^1(q-ip)^{n-2}+C_n^2(q-ip)^{n-3}\cdot2ip+\cdots+$
$C_n^{n-1}(2ip)^{n-2}]$

将上式两边分别取其模的平方，得$(2p)^{2n-2}=(q^2+p^2)B$.

其中 B 为前式括号内复数模的平方. B 显然是一整数值，因此$(2p)^{2n-2}$可被 p^2+q^2 整除. 但因 p 与 q 互质，p^2+q^2 与 p 与 q 无公因数，所以 2^{2n-2}必被 p^2+q^2 整除. 因为 p 与 q 互质，所以 p，q 间只有两种情形：数 p，q 一奇一偶或者都是奇数. 若 p，q 一奇一偶，则 p^2+q^2 将为奇数，但若 p，q 都是奇数，不妨设 $p=2k_1+1$，$q=2k_2+1(k_1,\ k_2\in\mathbf{J})$，则

$p^2+q^2=2(2k_1^2+2k_1+2k_2^2+2k_2+1)$将为偶数.

可是奇因子 $2k_1^2+2k_1+2k_2^2+2k_2+1$ 仅当 $p=\pm1$，$q=\pm1$ 时才变为 1，因此，2^{2n-2}不可能被 p^2+q^2 整除，这与 2^{2n-2}必被 p^2+q^2 整除相矛盾.

故　命题得证.

五、平面解析几何的问题

反证法在平面解析几何中的应用主要用来解答结论为“存在”与“不存在”“可能”与“不可能”“有”与“没有”等形式的问题.

例 14　求证：抛物线 C：$y=\frac{1}{2}x^2-1$ 上不存在关于直线 l：$y=x$ 对称的两点.

证明：假设所给抛物线上存在关于直线 l 对称的两点 $A(x_1,\ \frac{x_1^2}{2}-1)$，$B(x_2,\ \frac{x_2^2}{2}-1)$，由于抛物线 C 上任意两点的横坐标不同，故 $x_1\neq x_2$.　　(1)

由 $l\perp AB$，且 AB 之中点在 l 上，得

$$\frac{(\frac{x_2^2}{2}-1)-(\frac{x_2^2}{2})-1}{x_2-x_1}=-1 \tag{2}$$

$$\frac{1}{2}(\frac{1}{2}x_1^2-1+\frac{1}{2}x_2^2-1)=\frac{1}{2}(x_1+x_2) \tag{3}$$

由(2)、(3)得 $x_1^2+x_2^2=0$，$\therefore x_1=x_2=0$ 与(1)矛盾.

故　原命题成立.

例 15　在坐标平面上，是否存在一个含有无穷多条直线 l_1，l_2，…，l_n，…的直线簇，它们满足条件：

(1)点$(1,\ 1)\in l_n$，$n=1,\ 2,\ 3,\ \cdots$

(2)$k_{n+1}=a_n-b_n$，其中 k_{n+1} 是 l_{n+1} 的斜率，a_n，b_n 分别是 l_n 在 x 轴和 y 轴上的截距，$n=1,\ 2,\ 3,\ \cdots$

(3)$k_nk_{n+1}>0$，$n=1,\ 2,\ 3,\ \cdots$

并证明你的结论.

解：假设满足条件的直线簇存在，且设 l_n：$y-1=k_n(x-1)$，则

$a_n=1-\frac{1}{k_n}$，$b_n=1-k_n$.

$k_{n+1}=a_n-b_n=k_n-\frac{1}{k_n}$.

且 $k_n\neq0$，

当 $k_n>0$ 时，$k_n>k_{n+1}>0$，$\therefore \frac{1}{k_n}<\frac{1}{k_{n+1}}$.

$$\begin{aligned}k_{n+1}&=k_n-\frac{1}{k_n}=k_{n-1}-\frac{1}{k_{n-1}}-\frac{1}{k_n}\\&=k_{n-2}-\frac{1}{k_{n-2}}-\frac{1}{k_{n-1}}-\frac{1}{k_n}\\&\cdots\cdots\\&=k_1-(\frac{1}{k_1}+\frac{1}{k_2}+\frac{1}{k_3}+\cdots+\frac{1}{k_n})<k_1-\frac{n}{k_1}=\frac{k_1^2-n}{k_1}.\end{aligned}$$

当 $n>k_1^2$ 时，$k_{n+1}<0$ 与假设 $k_{n+1}>0$ 矛盾.

同理，当 $k_n<0$ 时，$k_n<k_{n+1}<0$，$\frac{1}{k_n}>\frac{1}{k_{n+1}}$，$k_{n+1}>k_1-\frac{n}{k_1}=\frac{k_1^2-n}{k_1}$.

当 $n>k_1^2$ 时，$k_{n+1}>0$ 与假设 $k_{n+1}<0$ 矛盾.

故　满足条件的直线簇不存在.

例 16　若一个三角形的三个顶点的坐标都是整数，求证：这个三角形的任一个内角都不可能是 30°.

证明：因为 $\triangle ABC$ 的顶点 A，B，C 的坐标都是整数，则三边的斜率必为有理数.

假设 $\triangle ABC$ 中有一个内角是 30°，不妨设 $A=30°$.

则 $\mathrm{tg}A=\mathrm{tg}30°=\frac{k_{AB}-k_{AC}}{1+k_{AB}k_{AC}}=\frac{\sqrt{3}}{3}$.

因为三边的斜率为有理数，所以 $\frac{k_{AB}-k_{AC}}{1+k_{AB}k_{AC}}$ 必为有理数，而 $\frac{\sqrt{3}}{3}$ 却为无理数. 矛盾.

$\therefore A\neq 30°$.

同理可证 B，C 均不等于 30°.

故　这个三角形的任一个内角都不可能是 30°.

例 17　抛物线上任取四点所组成的四边形不可能是平行四边形.

证明：以抛物线的顶点为原点，对称轴为 x 轴建立直角坐标系（如图 2－29 所示），则抛物线方程可设为 $y^2=ax$.

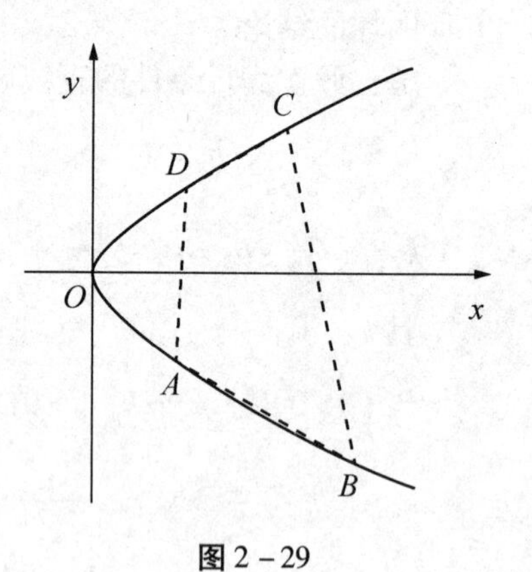

图 2－29

不同的四点 $A(x_1, y_1)$，$B(x_2, y_2)$，$C(x_3, y_3)$，$D(x_4, y_4)$ 在抛物线上，则有

$y_i^2=ax_i$，即 $x_i=\frac{y_i^2}{a}(1\leqslant i\leqslant 4)$.

若 x_1，x_2，x_3，x_4 中有两个相等，不妨设 $x_1=x_4$，则 $AD\perp Ox$ 轴，此时 $y_1^2=y_4^2$，但 $y_1\neq y_4$，$\therefore y_1=-y_4$.　　(1)

假设 $ABCD$ 为平行四边形，则 $BC/\!/AD$，$\therefore BC\perp Ox$ 轴. 有 $x_2=x_3$，但 $y_2\neq y_3$，

$\therefore y_2=-y_3$.　　(2)

$\because AB/\!/CD$，且 AB，CD 均不再垂直于 x 轴.

$\therefore k_{AB}=k_{CD}$，得 $\frac{y_2-y_1}{x_2-x_1}=\frac{y_4-y_3}{x_4-x_3}$.

$\because x_2-x_1=x_3-x_4$，$\therefore x_2-x_1=-(x_4-x_3)$.

$\therefore y_2-y_1=-(y_4-y_3)$.

由(1)、(2)得 $-y_3-(-y_4)=y_2-y_1=-(y_4-y_3)$.

$\therefore y_3=y_4$. 由此可得 $CD/\!/Ox$ 轴，这是不可能的.

所以 $ABCD$ 不能为平行四边形.

若 x_1，x_2，x_3，x_4 中无任何两个相等，

$$k_{AB}=\frac{y_2-y_1}{x_2-x_1}=\frac{y_2-y_1}{\frac{y_2^2}{a}-\frac{y_1^2}{a}}=\frac{a}{y_2+y_1}.$$

同理 $k_{BC}=\dfrac{a}{y_3+y_2}$，$k_{CD}=\dfrac{a}{y_4+y_3}$，$k_{DA}=\dfrac{a}{y_1+y_4}$.

假设 $ABCD$ 为平行四边形，则有

$k_{AB}=k_{CD}$，$k_{BC}=k_{DA}$.

于是有 $\begin{cases}y_2+y_1=y_4+y_3\\ y_3+y_2=y_1+y_4\end{cases}$

两式相减，得 $y_1-y_3=y_3-y_1$，$\therefore y_1=y_3$，进而 $y_2=y_4$.

于是 $x_1=\dfrac{y_1^2}{a}=\dfrac{y_3^2}{a}=x_3$，$x_2=x_4$.

可见 A，C 重合，B，D 重合.

这与 A，B，C，D 为抛物线上不同的四点的假设矛盾.

故　$ABCD$ 不能是平行四边形.

例 18　证明：双曲线的两支没有公切线.

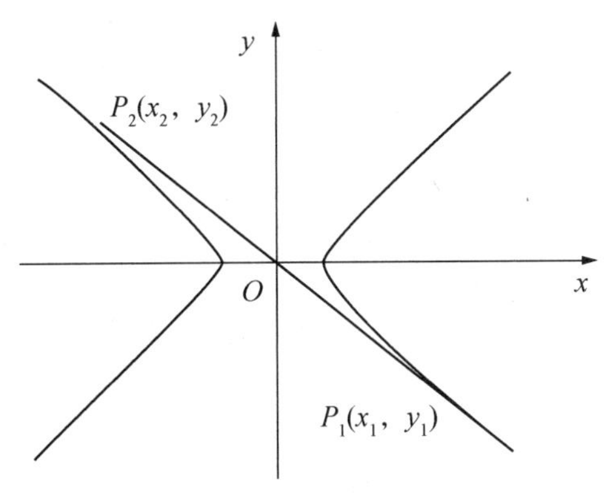

图 2－30

证明： 如图 2－30 所示，假设 p_1，p_2 为双曲线 $\dfrac{x^2}{a^2}-\dfrac{y^2}{b^2}=1$ 的左右两支的公切线，切点分别为 $p_1(x_1,\ y_1)$ 和 $p_2(x_2,\ y_2)$，则曲线过 $p_1(x_1,\ y_1)$ 的切线方程为：

$\frac{x_1 x}{a^2} - \frac{y_1 y}{b^2} = 1$

即 $y = \frac{b^2 x_1}{a^2 y_1} x - \frac{b^2}{a^2 y_1}$ (1)

双曲线过 $p_2(x_2, y_2)$ 的切线方程为：

$\frac{x_2 x}{a^2} - \frac{y_2 y}{b^2} = 1$，即 $y = \frac{b^2 x_2}{a^2 y_2} x - \frac{b^2}{a^2 y_2}$ (2)

由于(1)、(2)表示同一条直线，所以有

$$\begin{cases} \frac{b^2 x_1}{a^2 y_1} = \frac{b^2 x_2}{a^2 y_2} \\ \frac{b^2}{a^2 y_1} = \frac{b^2}{a^2 y_2} \end{cases}$$

由此可得 $x_1 = x_2$，$y_1 = y_2$，即 p_1 与 p_2 重合与题设矛盾.

故　双曲线的两支没有公切线.

习　题　二

1. 证明：lg2 是无理数.

2. 若 $2^p - 1$ 是质数，则 p 是质数.

3. 如果 0 以后接连写出一切自然数得到一个小数 0.1234567891011…试证它不是一个循环小数.

4. 求证：形如 $4n-1$ 的自然数必不是两个自然数的平方和.

5. 求证：64 不能是几个连续自然数的和.

6. 若 $x_2 - x_1 = \frac{1}{n}(n \in \mathbf{N})$，则在数轴上位于 x_1 和 x_2 之间（不包括 x_1 和 x_2）形如 $\frac{p}{q}(1 \leqslant q \leqslant n)$ 的既约分数最多只有 $\frac{n+1}{2}$ 个.

7. 设 a，b，$c \in (0, 2)$，求证：$b(2-a)$，$c(2-b)$，$a(2-c)$ 不能同时大于 1.

8. 证明：对于任意的整数 $n > 1$，表达式 $1 + \frac{1}{2} + \frac{1}{3} + \cdots + \frac{1}{n}$ 都不是整数.

9. 设 a，b，c 为三个不相等的整数，试证不存在整系数多项式 $p(x)$，使得 $p(a) = b$，$p(b) = c$，$p(c) = a$.

10. 证明：对任意的整数 n，n^2+3n+5 不能被 121 整除.

11. 设 $p(x)$ 是次数大于零的多项式，如果对于任何多项式 $f(x)$，$g(x)$，由 $p(x)\mid f(x)g(x)$ 可以推出 $p(x)\mid f(x)$ 或者 $p(x)\mid g(x)$，那么 $p(x)$ 是不可约多项式.

12. 如果 $[f(x),\ g(x)]=1$，那么 $[f(x)g(x),\ f(x)+g(x)]=1$.

13. 若 a，b，c，$d\in\mathbf{R}$，$\sqrt{c}$，$\sqrt{d}\in\overline{\mathbf{R}}$，则当 $a+\sqrt{c}=b+\sqrt{d}$ 时，必有 $a=b$，$c=d$，试证明之.

14. 若 $a>b>0$，$a=bq+r(0<r<b)$，求证：a 与 b 的最大公约数等于 b 与 r 的最大公约数.

15. 设整系数多项式 $f(x)=a_0x^n+a_1x^{n-1}+\cdots+a_{n-1}x+a_n$，并且 a_0，a_n，$f(1)$，$f(-1)$ 都不能被 3 整除，求证 $f(x)$ 无有理根.

16. 试证明：若 a，b，c 为互不相等的三个实数，则三个方程 $ax^2+2bx+c=0$，$bx^2+2cx+a=0$，$cx^2+2ax+b=0$ 没有公共的实数解.

17. 如果 $a_1a_2=2(b_1+b_2)$，那么下面两方程

$$x^2+a_1x+b_1=0,\quad x^2+a_2x+b_2=0$$

最多有一个方程没有实根.

18. 设 x，y，z 及 n 都是自然数，且 $n\geqslant z$，求证：$x^n+y^n=z^n$ 不能成立.

19. 在复平面上，若顺次连接 n 个点 c_1，c_2，…，c_n 组成一个凸多边形，证明：满足 $\dfrac{1}{z-c_1}+\dfrac{1}{z-c_2}+\cdots+\dfrac{1}{z-c_n}=0$ 的 z 所代表的点位于这个凸多边形的内部.

20. 已知：$a>b>0$，求证：$\sqrt[n]{a}>\sqrt[n]{b}$（$n>1$ 的整数）.

21. 已知：实数 a，b，c 同时满足下列各式：

$$a+b+c>0,\quad bc+ca+ab>0,\quad abc>0.$$

求证：$a>0$，$b>0$，$c>0$.

22. 已知：a，b，c 和 m，n，p 都是实数，并且满足：

$$ap+cm=2bn \tag{1}$$

$$ac>b^2 \tag{2}$$

求证：$mp-n^2\leqslant 0$.

23. 求证：$\sqrt{2}$，$\sqrt{3}$，$\sqrt{6}$ 不能是同一个等差数列的项.

24. 已知等差数列 a，b，c 中的三个量都是正数，且公差不为零，求证它们的倒数所组成的数列 $\dfrac{1}{a}$，$\dfrac{1}{b}$，$\dfrac{1}{c}$ 不可能成等差数列.

25. 大小不等的三个圆两两外切，半径成等差数列. 以各圆心为顶点组

成的三角形，其三个内角的大小是否成等差数列？证明你的结论.

26. 证明：以整数为公比的等比数列的任何一项不可能等于另外两项的和.

27. 设 A 为正整数集合，且 A 中任二元 x，y 满足 $|x-y|\geqslant\frac{xy}{25}$，证明 A 中至多有 9 个元素.

28. 设 a，b 是两个实数，

$A=\{(x, y)\mid x=n, y=na+b, n\text{ 是整数}\}$

$B=\{(x, y)\mid x=m, y=3m^2+15, m\text{ 是整数}\}$

$C=\{(x, y)\mid x^2+y^2\leqslant 144\}$

是平面 xoy 内的点集合，讨论是否存在 a 和 b，使得：

(1)$A\cap B\neq\phi$；(2)$(a, b)\in C$ 同时成立.

29. 设函数 $f(x)=x-[x]$，其中$[x]$表示不超过 x 的最大整数，证明：$f(x)$是周期函数，且最小正周期是 1.

30. 一次高难度的数学竞赛，由一试、二试两部分题目组成，两试共 28 个题，每一参赛者恰恰解出七题，对于这 28 题中的每对题目恰有两个参赛者解出. 求证：必有一参赛者，他没有能解出第一试中题目，或者至少解出了一试的四个题.

31. 一批象棋选手，共 n 个人($n\geqslant 3$)，欲将他们分成三组进行比赛，同一组的选手都不比赛，不同组的每两个选手都比赛一盘. 试证：要想总的比赛盘数最多，分组时应使任何两组间的人数最多相差一人.

32. 大小为 6×6 的方格纸可被 18 块 1×2 的小矩形既无重叠也无遗漏地盖住. 证明：对于任何形式的这种覆盖，总可用一条横的或纵的格线把方格纸分成两部分，而不至剖开任何用来覆盖的小矩形.

33. 在线段 AB 上顺次取点 p_1，p_2，p_3，将此线段分为四段，则至少有一段不小于$\frac{1}{4}AB$，至少有一段不大于$\frac{1}{4}AB$.

34. 一个四边形内接于一个单位正方形，则此四边形必有一条边不小于$\frac{\sqrt{2}}{2}$.

35. 在$\triangle ABC$ 与$\triangle A'B'C'$ 中，$AB=A'B'$，$AC=A'C'$，求证：若 $BC>B'C'$,则$\angle A>\angle A'$.

36. 在面积为 5 的矩形中，有面积都等于 1 的 9 个矩形，试证：总存在两个矩形的公共部分面积大于或等于$\frac{1}{9}$.

37. 在一个圆内，三条弦最多把圆面分成7部分，这7部分的面积能否相等？

38. 证明：同位角相等两直线平行.

39. 已知：$l_1 \perp OA$，$l_2 \perp OB$，而OA，OB是$\angle AOB$的两边，求证：l_1和l_2必相交.

40. 在$\triangle ABC$中，$AB > AC$，$\angle BAC$的平分线与$\odot ABC$交于p，又设p在直线AB及AC上的射影分别为E及F，求证：E和F中至少有一个不在$\triangle ABC$的边AB或AC上.

41. 在$\angle xoy$的边ox上取线段oT，在边oy上取线段oA及oB，若$oT^2 = oA \cdot oB$，则$\odot ABT$必与ox切于T.

42. 已知凸多边形$ABCD$，求证：这个凸多边形$ABCD$一定可以被以AB，BC，CD，DA为直径的圆所覆盖.

43. 已知：圆o_1与圆o_2相交于A，B，圆o_1与圆o_3相交于C，D，圆o_2与圆o_3相交于E，F，求证：AB，CD，EF相交于一点.

44. 求证：四个等圆不可能两两外切.

45. 平面内有六个圆，每个圆的圆心都在其余各圆的外部，证明平面内任一点都不会同时在这六个圆的内部.

46. 若A，B，C，D是平面上四点，且过A，B的任一圆与过C，D的任一圆都相交，求证这四点或者共线或者共圆.

47. 如果平面上的一个有界图形F可被一个半径等于R的圆所覆盖，但不能被半径小于R的任何圆覆盖，证明：用半径等于R的圆覆盖时，圆心所放的位置是唯一的.

48. 试证：若凸四边形对边中点距离之和等于其周长的一半，则此四边形一定是平行四边形.

49. 四边形$PQRS$的边PQ，QR，RS，SP上各有一点A，B，C，D，已知$ABCD$是平行四边形，而且它的对角线和$PQRS$的对角线（共四条直线）共点O，求证$PQRS$也是平行四边形.

50. 如图2－31所示是由14个大小相同的正方形组成的图形. 试证明：不论如何用剪刀沿着图形中直线裁剪，总剪不出七个由相邻两个小正方形组成的矩形来.

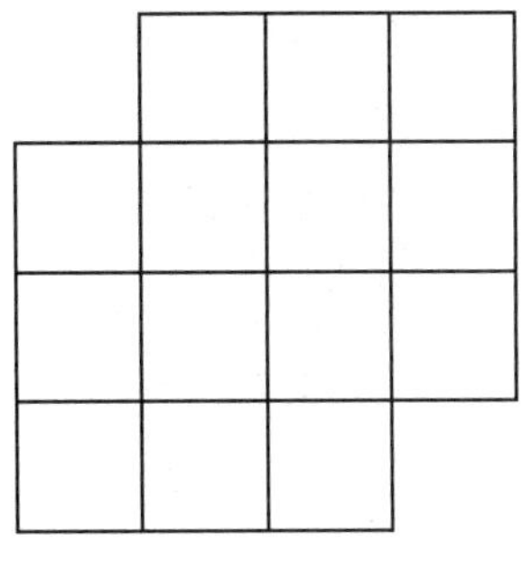

图2－31

51. a，b是异面直线，直线$c /\!/ a$，c与b不相交，则c和b也是异面直线.

52. 两条直线平行，第三条直线只和其中一条

相交，求证：这条直线和另一条直线是异面直线.

53. A，B，C，D 是空间四点，若 AB，CD 是异面直线，则 AC 和 BD，AD 和 BC 也是异面直线.

54. 已知两条异面直线 a，b 的夹角为 $30°$，它们的公垂线段 $AB=d$，在 a，b 上分别取点 M，N，使 $\angle AMB=45°$，$\angle ANB=30°$.

(1) 求证：MN 与 AB 为异面直线.

(2) 求 MN 与 AB 的夹角.

(3) 求 MN 与 AB 的距离.

55. 如果两个平行平面同时和第三个平面相交，那么它们的交线平行（两个平面平行的性质定理）.

56. 平面 M 内三条直线 a，b，c 相交于一点 A，l 为通过 A 点又不在平面 M 内的一条直线，且 l 与 a，b，c 三直线成等角，求证：$l\perp$ 平面 M.

57. 求证垂直于同一直线的诸平面互相平行.

58. 已知直线 c 是异面直线 a，b 的公垂线，并且 $a\perp$ 平面 α，$b\perp$ 平面 β，

(1) 求证：平面 α，β 必定相交.

(2) 设 $\alpha\cap\beta=d$，且 c 与 d 不重合，求证：$c/\!/d$.

59. 已知四面体 $P-ABC$ 的底面 $\triangle ABC$ 中，$\angle A\neq 90°$，一条侧棱 $PA\perp$ 底面 ABC，求证：A 点在侧面 PBC 上的射影 A' 不可能是 $\triangle PBC$ 的垂心.

60. 在空间是否存在如下四点 A，B，C，D，使 $AB=CD=8$，$AC=BD=10$，$AD=BC=13$.

61. 试证：两条异面直线的公垂线只有一条.

62. 设空间四边形的两对对角相等，试证它的两对对边对应相等.

63. 试证函数 $f(x)=\sin\dfrac{1}{x}$ 是非周期函数.

64. 周期函数的和是否一定是周期函数.

65. 证明：(1) 函数 $\sin x$ 与 $\cos x$ 的最小正周期是 2π；(2) 函数 $\mathrm{tg}x$ 与 $\mathrm{ctg}x$ 的最小正周期是 π.

66. 已知：$\alpha+\beta=\gamma$，且 α，β，γ 都不等于 $2k\pi(k\in\mathbf{Z})$，求证：$\sin\alpha+\sin\beta\neq\sin\gamma$.

67. 已知 $0<\alpha$，$\beta<\dfrac{\pi}{2}$，$\sin(\alpha+\beta)=2\sin\alpha$，求证：$\alpha<\beta$.

68. 求证：方程 $2\sin x=5x^2+2x+3$ 无实数解.

69. 求证：$\cos 10°$ 是无理数.

70. 证明：对任意大于 1 的奇数 p，$\arccos\dfrac{1}{p}\neq\dfrac{m}{n}\cdot\pi$，其中 $\dfrac{m}{n}$ 是既约分数.

71. 求证：不存在三个顶点坐标都是有理数的正三角形.

72. 证明格点三角形不可能是正三角形(凡坐标均为整数的点称为格点或整点，顶点均为格点的三角形即格点三角形).

73. 已知数轴上三条半直线(即射线)把整个数轴覆盖，证明：可以从中找出两条半直线，同样覆盖整个数轴.

74. 求证：抛物线没有渐近线.

第三章　反证法的逻辑依据

前两章我们讲了反证法的定义，怎样应用反证法证明问题以及反证法在代数、几何、三角中的应用等. 大家会有一个疑问：用这种方法证题对不对呢？回答当然是肯定的. 但是，你有什么依据可以让我们解答这一疑问？这一章我们就来讲讲这个问题.

§3-1　命题与判断

一、判断

人们在生产、生活等社会实践中，对于所进行的活动的结果往往都要做出一个判断. 在数学研究中也是这样.

例如，我们在一元二次方程 $ax^2+bx+c=0(a\neq0)$ 的研究中，得出了这样一些结论.

(1)若 $\Delta=b^2-4ac>0$，方程有两个不同的实根；

(2)若 $\Delta=0$，方程有两个相同的实根；

(3)若 $\Delta<0$，方程没有实根.

这些结论就是一种判断，它反映了我们对一元二次方程的根的性质的一种认识. 其中(1)和(2)肯定了一元二次方程有实根，而(3)则否定了一元二次方程有实根.

又如，我们对空间不重合的两条直线的位置关系有如下判断：

(1)两直线平行，没有公共点，在同一平面内；

(2)两直线相交，有一公共点，在同一平面内；

(3)异面直线，没有公共点，不在同一平面内.

这些判断对两条不重合的直线有没有公共点以及是否在同一平面内都做出了肯定或否定的回答.

因此，判断是对客观事物的一种认识，是对客观事物有所肯定或否定的思维形式.

判断是否正确，就要看这个判断是否反映了客观事物的真实情况. 例

如："三角形三个内角之和等于180°""任一实数的平方大于等于零"就是真判断；而"$i-2$的共轭复数是$i+2$"就是一个假判断，因为$i-2$的共轭复数是$-i-2$.

常见的判断是简单判断. 简单判断由主项、谓项、量项、联项四部分组成.

例1　(1)所有的锐角三角形的内角都小于90°.

(2)负数的平方根不是实根.

(3)有些多项式可以分解成若干个因式之积.

(4)有些数列不是等差数列.

这些是数学中常见的简单判断.

主项表示判断的对象. 例1中，"所有的锐角三角形的内角""负数的平方根""多项式""数列"分别是四个判断的主项.

谓项表示主项具有或不具有的性质. "小于90°""实根""若干因式之积""等差数列"分别是四个判断的谓项.

量项表示主项的数量，反映判断的量的差别. 量项可分为全称量项和特称量项两类. 表示对象全体的叫作全称量项，常用"所有""一切""任何""凡""每一个"等词表达. 表示对象一部分的叫特称量项，常用"有些""有的"等词表达. 简单判断的量项常常省略. 如例1(2)中省略了量项"所有的".

联项表示主项与谓项之间的关系，反映判断的质的差异. 联项可分为肯定联项和否定联项两类. 通常用"是"或"有"表示肯定联项；用"不是"或"没有"表示否定联项. 简单判断的联项有时也可省略.

简单判断有全称肯定判断、全称否定判断、特称肯定判断、特称否定判断四种形式.

(1)量项是全称而联项是肯定的判断为全称肯定判断. 它的形式是

所有S是P.

这里，S表示判断的主项，P表示判断的谓项.

例1　(1)就是全称肯定判断.

(2)量项是全称而联项是否定的判断为全称否定判断. 它的形式是

所有S不是P.

例1　(2)是全称否定判断.

(3)量项特称而联项是肯定的判断为特称肯定判断. 它的形式是

有的S是P.

例1　(3)是特称肯定判断.

(4)量项是特称而联项是否定的判断为特称否定判断. 它的形式是

有的 S 不是 P.

例1 (4)是特称否定判断.

在使用反证法证明问题对其结论否定时，必须慎重考虑原命题中的量项与联项，在使用反证法的注意事项中已经讲过，这里就不再赘述了.

二、命题

数学中的判断叫数学命题．定义、公理、定理、公式、性质、法则等都是数学命题.

数学命题往往不是简单命题，它是由一些连接词连接起来的复合命题.

由连接词“若……则……”或“如果……那么……”把两个简单命题连接起来的命题叫假言命题．它的形式是若 A 则 B.

这里“若”(或“如果”)后面 A 叫作命题的条件，而“则”(或“那么”)后面的 B 叫作命题的结论.

例2 (1)若 $x-1=0$，则 $x^2-1=0$.

(2)如果一个点到线段两端距离相等，那么这点在这线段的垂直平分线上.

这两个例子都是假言命题．例2(1)的 A 是“$x-1=0$”，B 是“$x^2-1=0$”.(2)的 A 是“一个点到线段两端距离相等”，B 是“这点在这线段的垂直平分线上”.

一个命题有原命题、逆命题、否命题、逆否命题四种形式.

交换原命题的条件和结论的位置所得到的命题叫原命题的逆命题，它的形式是若 B 则 A.

否定原命题的条件和结论得到的命题叫原命题的否命题．它的形式是若 $\overline{A}$ 则 $\overline{B}$.($\overline{A}$，$\overline{B}$ 分别表示对 A，B 的否定．即 A，B 不成立).

否定原命题的条件和结论，并交换它们的位置所得到的命题叫原命题的逆否命题．它的形式是若 $\overline{B}$ 则 $\overline{A}$.

例2中两例的逆命题、否命题、逆否命题如下：

(1)的逆命题：若 $x^2-1=0$，则 $x-1=0$.

否命题：若 $x-1\neq0$，则 $x^2-1\neq0$.

逆否命题：若 $x^2-1\neq0$，则 $x-1\neq0$.

(2)的逆命题：如果一个点在线段的垂直平分线上，那么这个点到这线段两端的距离相等.

否命题：如果一个点到线段两端的距离不相等，那么这个点不在线段的垂直平分线上.

逆否命题：如果一个点不在线段的垂直平分线上，那么这个点到线段两端的距离不相等.

四种命题之间的关系可以用图 3－1 来表示.

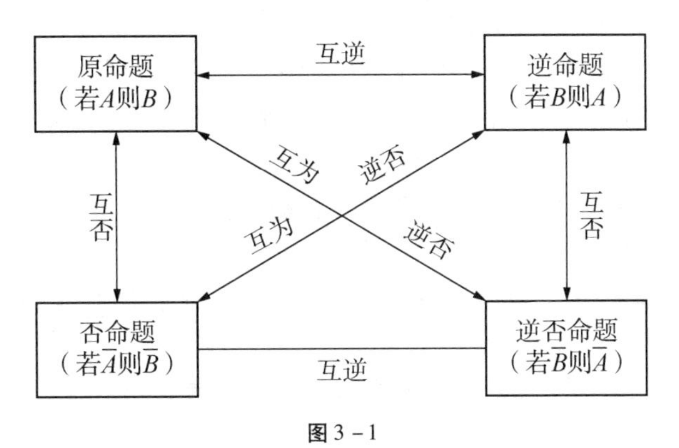

图 3－1

也就是说，原命题和逆命题是互逆的. 否命题和逆否命题也是互逆的.

原命题和否命题是互否的，逆命题和逆否命题也是互否的.

原命题和逆否命题是互为逆否的，逆命题和否命题也是互为逆否的.

互逆或互否的两个命题可以两个都真，可以两个都假，也可以一真一假；而互为逆否的两个命题的真实性却总是一致的.

例如　前例 2 中

(1) 原命题：若 $x-1=0$，则 $x^2-1=0$(真).

逆命题：若 $x^2-1=0$，则 $x-1=0$(假).

否命题：若 $x-1\neq0$，则 $x^2-1\neq0$(假).

逆否命题：若 $x^2-1\neq0$，则 $x-1\neq0$(真).

这里，原命题与逆命题、否命题与逆否命题这两组互逆的两个命题以及原命题与否命题、逆命题与逆否命题这两组互否的两个命题都是一真一假，而原命题与逆否命题、逆命题与否命题这两组互为逆否的两个命题，前者同为真，后者同为假.

(2) 原命题：如果一个点到线段两端距离相等，那么这点在这线段的垂直平分线上(真).

逆命题：如果一个点在线段的垂直平分线上，那么这个点到这线段两端的距离相等(真).

否命题：如果一个点到线段两端的距离不相等，那么这个点不在线段的垂直平分线上(真).

逆否命题：如果一个点不在线段的垂直平分线上，那么这个点到这

线段两端的距离不相等(真).

这里，互逆与互否的两组命题中两个命题都是真的，同样互为逆否的两组命题中的两个命题也是真的.

下面举一个互逆与互否的两组命题中两个命题都是假的例子.

例3 原命题：若一个四边形是平行四边形，则它的对角线互相垂直(假).

逆命题：若一个四边形的对角线互相垂直，则这个四边形是平行四边形(假).

否命题：若一个四边形不是平行四边形，则它的对角线不互相垂直(假).

逆否命题：若一个四边形的对角线不互相垂直，则这个四边形不是平行四边形(假).

互为逆否的两个命题，它们同真同假的性质，通常叫作逆否命题的等效原理.

§3-2 逻辑思维的基本规律

逻辑思维的基本规律为：同一律、矛盾律、排中律和充足理由律.

同一律要求在同一思维过程中，所使用的概念和判断必须确定，必须前后保持一致. 它的公式是：A 是 A.

矛盾律要求在同一思维过程中，两个矛盾的判断，不能同真，必有一假. 它的公式是：A 不是 $\overline{A}$.

在数学中两个矛盾的判断常有如下两种：一是用矛盾概念分别作谓项组成一对单称矛盾判断. 例如："a 是有理数"和"a 是无理数". 二是用肯定或否定属于某一对象的某一性质组成的一对单称矛盾判断. 例如："直线 a 平行于平面 α"和"直线 a 不平行于平面 α". 矛盾律中两个矛盾的判断可能是对抗性的矛盾. 也可能是非对抗性的矛盾. 何谓对抗性的矛盾？如上面所举的例子"a 是有理数"和"a 是无理数"，有理数和无理数之和恰是全体实数，没有第三种情况存在，所以"a 是有理数"和"a 是无理数"是对抗性矛盾. 但"a 是质数"与"a 是合数"就是非对抗性矛盾. 因为"1"既不是质数，也不是合数，质数与合数之和并不等于全体自然数，还有第三种情况"1"存在.

排中律要求在同一思维过程中，对同一思维对象所做出的两个互相矛盾的概念或判断，不能同假，必有一真. 它的公式是：A 或者是 B，或者不是 B.

排中律中两个矛盾的判断是对抗性矛盾. 因为它要求 A 或者是 B，或者不是 B，不可模棱两可. B 与 $\overline{B}$ 是一对抗性矛盾.

充足理由律要求任何一个真实的判断都要有充分的理由和依据. 它的公式是：若有 B，必有 A，使得由 A 可推出 B.

逻辑思维这四条规律是一切正确思维都必须遵守的. 同一律、矛盾律、排中律是关于思维形式的结构规律，它要求思维首尾一贯. 不自相矛盾，不模棱两可. 充足理由律是关于推理的前提、证明的论题和论据的思想联系的原则，它要求思维有根有据.

有了这些知识，我们就可以回答本章开头提出的问题. 事实上，大家的疑问归结起来无非是以下两点：一是“在证明的过程中推出矛盾就认定否定原结论不成立”对不对？二是“如果否定原结论不成立就断定原结论一定成立”是否正确？

先说第一个问题，我们是从否定原结论出发，根据已知条件经过严格的逻辑推理得出与已知条件或与已知定义、公理、定理相矛盾，或自相矛盾的结果. 这里矛盾的双方，一个是推出的结果，一个是已知条件、定义、公理、定理等，根据矛盾律，这对互相矛盾的判断不能同真，必有一假. 但已知条件、定义、公理、定理等不可能是假的，所以只有推出的结果是假的. 而产生错误的原因，不是由于推理的错误，因为推理过程的每一步都是有根据的，唯一的原因是加入了否定原结论作为前提，作为已知条件，所以否定原结论不成立.

再说第二个问题，“否定原结论”与“原结论”是一对互相矛盾的判断，是对抗性矛盾，根据排中律，它们不能同假，必有一真. 既然由第一个问题知“否定原结论”是假，那么“原结论”肯定是真的. 也就是说，如果否定原结论不成立，则原结论一定成立.

从这里我们也可以看到，在第一章 §1－4 中提到否定原结论要注意的问题的实质，就是要确保“否定原结论”这一判断与“原结论”这一判断是一对对抗性矛盾的判断. 这样，才能应用排中律，从“否定原结论”不成立，提出“原结论”成立的结论.

由此可见，逻辑思维基本规律的矛盾律和排中律就是反证法的理论依据. 有了这个坚实的理论依据，用反证法解答有关的数学问题是完全可靠的.

§3-3　反证法的逻辑定义

本章第一节我们介绍了否命题 $\overline{B}$ 和假言命题 $A \to B$ 两个复合命题. 这一节，我们将再介绍几种类型的复合命题，并研究这些复合命题与构成它的简单命题(或原命题)之间的关系，进而推出反证法的逻辑(严格)定义.

用逻辑连接词“$\vee$”(“或”，相当于集合中的“并”)连接的两个命题 A 和 B 所构成的复合命题叫选言命题，记 $A \vee B$. 它的含义是或者是 A 成立，或者是 B 成立.

例4　1984 年高考第四题：“已知三个平面两两相交共有三条交线，求证：这三条交线交于一点或互相平行”.

设 $A=\{$三条交线交于一点$\}$，$B=\{$三条交线互相平行$\}$. 则本题的结论就是 $A \vee B=\{$这三条交线交于一点或互相平行$\}$.

用逻辑连接词“$\wedge$”(“且”或“与”，相当于集合中的“交”)连接的两个命题 A 和 B 所构成的复合命题叫联言命题，记 $A \wedge B$. 它的含义是 A 成立并且 B 也成立.

例如　$A=\{\sqrt{2}>1.41\}$，$B=\{\sqrt{2}<1.42\}$，则

$A \wedge B=\{1.41<\sqrt{2}<1.42\}$.

否命题、假言命题、选言命题和联言命题是数学中常见的复合命题. 这些复合命题与构成它的简单命题(或原命题)有什么关系呢？具体来讲，就是这些复合命题的真假与构成它的原命题的真假到底有什么关系？我们说，复合命题的真假完全由构成它的原命题的真假决定.

假定成立的命题称为真命题，它的真值为“1”. 例如：$A=\{\sqrt{2}>1.41\}$，则 A 是真命题，记 $A=1$. 不成立的命题称为假命题，它的真值为“0”.

例如　$\overline{A}=\{\sqrt{2}$不大于 $1.41\}$，则 $\overline{A}$ 是假命题. 即 $\overline{A}=0$.

由此可以得到复合命题与其构成它的原始命题之间的取值情况，一般用一个叫真值表的表格来表示(否命题 $\overline{A}$ 与原命题 A 的取值情况)如表 3-1 所示.

表 3-1

A	$\overline{A}$
1	0
0	1

因为逻辑连词“-”表示否定，所以表 3-2(假言命题 $A \to B$ 与原命题 A 和 B

的取值情况)表明当A取真值1时，$\overline{A}$取值0；而当A取值0时，$\overline{A}$取值1.

表 3－2

A	B	$A \to B$
1	1	1
1	0	0
0	1	1
0	0	1

表3－2的第二行表明只要前提正确，推理合乎逻辑，就必然得出正确的结论. 而第三行则表示由前提正确得出错误的结论必定是推理过程出现错误. 第四行、第五行可以解释为，由错误的前提，经正确推理，所得到的结论或对或错.

例如　令$A=\{-1<-3\}$，则$A=0$，$\because 1<4$，$\therefore -1+1<-3+4$，即$0<1$($B=\{0<1\}$)，说明$A=0$. $B=1$，$A \to B$为1. 就是表第四行所表明的情形. 又例如：令$A=\{-1<-3\}$. $\because 1<2$，$\therefore -1+1<-3+2$即$0<-1$($B=\{0<-1\}$)，说明$A=0$，$B=0$，$A \to B$为1，就是表3－2第五行所表明的情况.

根据选言命题和联言命题的定义，可以得出选言命题的真值表(表3－3)和联言命题的真值表(表3－4).

表 3－3

A	B	$A \vee B$
1	1	1
1	0	1
0	1	1
0	0	0

表 3－4

A	B	$A \wedge B$
1	1	1
1	0	0
0	1	0
0	0	0

有了上述四个命题的真值表，不仅可以利用它求出其他更复杂的复合命题的值，而且可以利用它来证明一些命题之间的关系.

例5　求出$\overline{A} \vee \overline{B}$的值.

要列出$\overline{A} \vee \overline{B}$的真值表，首先列出所求命题的相关命题(如本题的$A$，$B$，$\overline{A}$，$\overline{B}$)和所求命题(如本题的$\overline{A} \vee \overline{B}$)作表的第一行；其次在构成所求命题的原始命题(如本题的A和B)下面的相关列(如本题的第一列、第二列)填上它们的各种可能取值；再次根据上述四个表中的相关表(如本题的表

3－1)，求出构成所求命题的中间命题(如本题的 $\overline{A}$，$\overline{B}$)的值；最后根据所求命题的要求及相关表求出所求命题的值.

$\overline{A}\vee\overline{B}$ 的真值如表 3－5 所示：

表 3－5

A	B	$\overline{A}$	$\overline{B}$	$\overline{A}\vee\overline{B}$
1	1	0	0	0
1	0	0	1	1
0	1	1	0	1
0	0	1	1	1

同样，可以写出 $A_1\wedge A_2\to B$ 的真值如表 3－6 所示：

表 3－6

A_1	A_2	B	$A_1\wedge A_2$	$A_1\wedge A_2\to B$
1	1	1	1	1
1	1	0	1	0
1	0	1	0	1
1	0	0	0	1
0	1	1	0	1
0	1	0	0	1
0	0	1	0	1
0	0	0	0	1

为了写出更复杂的复合命题的真值表，要用到下列德·莫甘对偶定律：

(1) $\overline{A\wedge B}=\overline{A}\vee\overline{B}$.

(2) $\overline{A\vee B}=\overline{A}\wedge\overline{B}$.

这个定律推广到多个命题的情况为：

(1) $\overline{A_1\wedge A_2\wedge\cdots\wedge A_n}=\overline{A}_1\vee\overline{A}_2\vee\cdots\vee\overline{A}_n$，即 $\overline{\bigwedge\limits_{i=1}^{n}A_i}=\bigvee\limits_{i=1}^{n}\overline{A}_i$；

(2) $\overline{A_1\vee A_2\vee\cdots\vee A_n}=\overline{A}_1\wedge\overline{A}_2\wedge\cdots\wedge\overline{A}_n$，即 $\overline{\bigvee\limits_{i=1}^{n}A_i}=\bigwedge\limits_{i=1}^{n}\overline{A}_i$.

如果两个命题 A 和 B，它们的真值表完全相同，那么 A 和 B 叫等价命题. 记为 $A\equiv B$.

前面讲到互为逆否的两个命题是等价的，可以用真值表来证明.

例 6　求证：$B\rightarrow A\equiv\overline{A}\rightarrow\overline{B}$.

证明：做出 $B\rightarrow A$ 和 $\overline{A}\rightarrow\overline{B}$ 的真值如表 3－7 所示.

表 3－7

A	B	$\overline{A}$	$\overline{B}$	$B\rightarrow A$	$\overline{A}\rightarrow\overline{B}$
1	1	0	0	1	1
1	0	0	1	1	1
0	1	1	0	0	0
0	0	1	1	1	1

从表中看到 $B\rightarrow A$ 与 $\overline{A}\rightarrow\overline{B}$ 的取值完全一致.

$\therefore B\rightarrow A\equiv\overline{A}\rightarrow\overline{B}$，即逆命题与否命题等价.

又如：求证：$A\rightarrow B\equiv(A\wedge\overline{B})\rightarrow(Z\wedge\overline{Z})$.

证明：做出 $A\rightarrow B$ 与 $(A\wedge\overline{B})\rightarrow(Z\wedge\overline{Z})$ 的真值如表 3－8 所示.

表 3－8

A	B	$\overline{B}$	Z	$\overline{Z}$	$A\wedge\overline{B}$	$Z\wedge\overline{Z}$	$A\rightarrow B$	$(A\wedge\overline{B})\rightarrow(Z\wedge\overline{Z})$
1	1	0	1	0	0	0	1	1
1	0	1	0	1	1	0	0	0
0	1	0	1	0	0	0	1	1
0	0	1	0	1	0	0	1	1

从表中看出 $A\rightarrow B$ 与 $(A\wedge\overline{B})\rightarrow(Z\wedge\overline{Z})$ 的取值完全一致.

$\therefore A\rightarrow B\equiv(A\wedge\overline{B})\rightarrow(Z\wedge\overline{Z})$.

从这里可以看出命题 $(A\wedge\overline{B})\rightarrow(Z\wedge\overline{Z})$ 就是原命题的已知条件 A 加上所求结论的否定结论 $\overline{B}$. 推出一对矛盾 $(Z\wedge\overline{Z})$，而这正是反证法的证题过程. 因此，反证法的实质就是证明与原命题 $(A\rightarrow B)$ 等价的命题 $(A\wedge\overline{B})\rightarrow(Z\wedge\overline{Z})$. 由此可得反证法的逻辑（严格）定义：

要证明命题 $A\rightarrow B$，不证这个原命题，而改证它的等价命题 $(A\wedge\overline{B})\rightarrow(Z\wedge\overline{Z})$，这种证明方法叫作反证法.

值得说明的是：$Z\wedge\overline{Z}$ 是个假命题，$Z\wedge\overline{Z}\equiv 0$. 反证法对导出的矛盾的内容的要求很宽. 只要是矛盾，不管是与已知条件矛盾还是与定义矛盾、与公理矛盾、与定理矛盾，或者自相矛盾，只要经严格推理所推出的矛盾. 而且这个矛盾可以是非对抗性的，它都承认. 但是，反证法对矛盾的形式的要求是严格的. 推出的矛盾必须鲜明，不能似是而非.

习 题 三

1. 下列判断是否正确？为什么？

(1)三点确定一个圆；

(2)等弦的弦心距相等；

(3)两条直线确定一个平面；

(4)没有公共点的两条直线是异面直线；

(5)若 a 为实数，则 $2a$ 为偶数；

(6)任意实数的偶次幂大于零；

(7)若函数的图像是直线，则此函数必为一次函数；

(8)对于任意的 α. 有 $\mathrm{tg}\alpha=\dfrac{\sin\alpha}{\cos\alpha}$.

2. 写出下列命题的逆命题、否命题、逆否命题，并判断它们的真假.

(1)若 $b^2-4ac=0$，则方程 $ax^2+bx+c=0(a\neq 0)$ 有相等的实根；

(2)如果两个三角形全等，那么这两个三角形等积.

3. 利用真值表，求下列复合命题的值：

(1)$\overline{A}\vee\overline{B}$；

(2)$\overline{A}\wedge\overline{B}$.

4. 利用真值表，证明下列等价命题：

(1)$A_1\wedge A_2\to B\equiv\overline{B}\to\overline{A}_1\vee\overline{A}_2$；

(2)$A_1\wedge A_2\to B\equiv A_1\wedge\overline{B}\to\overline{A}_2$.

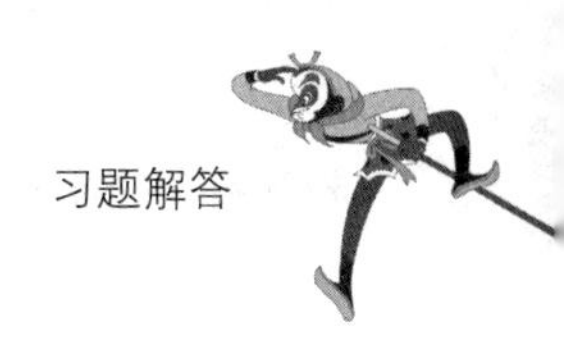

习 题 解 答

习 题 一

1. **证明**：假设 m 不能被 2 整除，则 m 为奇数，可表示为 $2n-1(n\in\mathbf{N})$，于是有 $m^2=(2n-1)^2=4n^2-4n+1=4n(n-1)+1$.
因此，m^2 不能被 2 整除，与已知条件矛盾.
故　m 也能被 2 整除.

2. **证明**：假设 $f(x)$ 有整数根 α，则 $x-\alpha$ 是 $f(x)$ 的因式.
令 $f(x)=(x-\alpha)g(x)$
由于 $f(x)$ 是整系数多项式，且 $x-\alpha$ 是本原多项式，所以 $g(x)$ 是整系数多项式，于是

$$\begin{cases}f(0)=-\alpha g(0) & (1)\\ f(1)=(1-\alpha)g(1) & (2)\end{cases}$$

由题设 $f(0)$ 是奇数，由 (1) 知 $-\alpha$ 是奇数，所以 $1-\alpha$ 是偶数，由此与 (2) 可得 $f(1)$ 为偶数，此与题设 $f(1)$ 是奇数矛盾.
故　$f(x)$ 不能有整数根.

3. **证明**：原式变为 $(a_0-b_0)x^2+(a_1-b_1)x+(a_2-b_2)\equiv 0$.
假设 $a_0\neq b_0$，上式就是一个一元二次方程，至多有两个 x 值（$x\in c$ 包括重根）满足这个等式，与该式是恒等式矛盾.
$\therefore a_0=b_0$.
同理可证 $a_1=b_1$，$a_2=b_2$.

4. **证明**：原数应有 1979 位，设 a_1，a_2，…，a_{1979} 是原数的各位数码，a'_1，a'_2，…，a^1_{1979} 是改变顺序后各位数的数码.
假设它们的和等于 $\underbrace{99\cdots9}_{1979\text{个}}$，则有 $a_1+a'_1=9$，$a_2+a'_2=9$，…，$+a_{1979}+a'_{1979}=9$.
但原数的各位数的数码之和与改变顺序后的各位数的数码之和相等. 即 $a_1+a_2+\cdots+a_{1979}=a'_1+a'_2+\cdots+a'_{1979}$
$\therefore 2(a_1+a_2+\cdots+a_{1979})=9\times1979$.
上式左边是偶数、右边为奇数，矛盾.
故　原命题成立.

5. **证明**：假设 $AC>B^2$，和式 (2) 相乘得 $acAC>b^2B^2$. 又由 (1) 得 $(aC+cA)^2=4b^2B^2$.
于是 $(aC+cA)^2<4acAC$.
$\therefore (aC-cA)^2<0$ 这是不可能的.
故　$AC-B^2\leqslant 0$.

6. **已知**：如图 4－1 所示，平面 M 外一点 A，平面 N 过点 A，且 $N/\!/M$，$AB/\!/M$，
求证：AB 必在平面 N 内.
证明：假设直线 AB 不在平面 N 内，过 AB 作平面 P，使它与平面 M 相交，设交线为 DE，平面 P 与 N 的交线为 AC（如图 4－1 所示）.

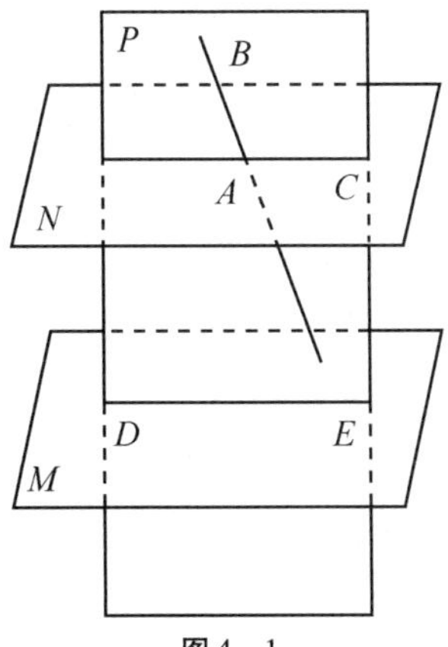

图 4－1

$\because AB/\!/M$，由直线与平面平行的性质定理知

$AB /\!/ DE$,

又 $M /\!/ N$, $\therefore AC /\!/ DE$.

于是在平面 P 内有过 A 点可作两条直线 AB 和 AC 同时平行直线 DE，与平行公理矛盾.

故　直线 AB 必在平面 N 内.

7. **证明**：如图4-2所示，假设 A, B, C, D 不共圆，则 D 或在⊙ABC 之内或在⊙ABC 之外，若 D 在⊙ABC 之内，BD 交圆于 F，则

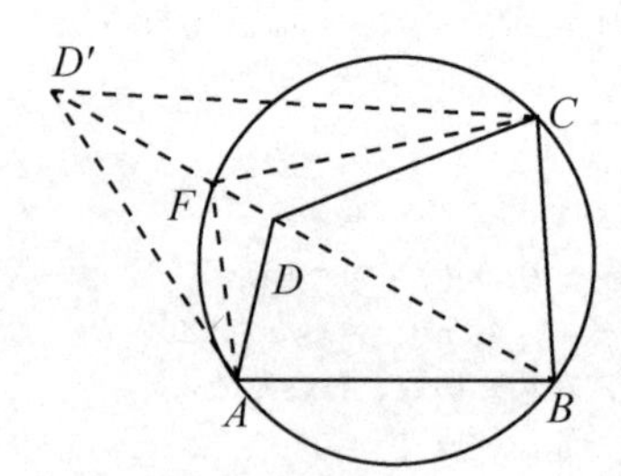

图4-2

$\angle F + \angle ABC = 180°$，又 $\angle ADC + \angle ABC = 180°$.

$\therefore \angle F = \angle ADC$. 与外角定理相矛盾.

若 D 在⊙ABC 之外，则

由 $\angle AFC + \angle ABC = 180°$，$\angle AD'C + \angle ABC = 180°$

推出 $\angle AFC = \angle AD'C$　仍与外角定理矛盾.

故　A, B, C, D 四点共圆.

8. **证明**：假设结论不成立，则

$|f(1)|<2$，$|f(3)|<2$，$|f(5)|<2$.

于是 $|f(1)|+2|f(3)|+|f(5)|<8$.

但由 $f(x)=x^2+ax+b$ 得

$$f(1)=1+a+b \quad (1)$$

$$f(3)=q+3a+b \quad (2)$$

$$f(5)=25+5a+b \quad (3)$$

(2)-(1)得

$$f(3)-f(1)=8+2a \quad (4)$$

(3)-(2)得

$$f(5)-f(3)=16+2a \quad (5)$$

(5)-(4)得

$$f(1)-2f(3)+f(5)=8.$$

$\therefore |f(1)|+2|f(3)|+|f(5)| \geqslant |f(1)-2f(3)+f(5)|=8$.

即 $|f(1)|+2|f(3)|+|f(5)| \geqslant 8$ 与 $|f(1)|+2|f(3)|+|f(5)|<8$ 矛盾.

故　$|f(1)|$，$|f(3)|$，$|f(5)|$ 中至少有一个不小于2.

9. **证明**：假设四个乘积都大于1，则

由 $4a(1-b)>1$ 得 $a(1-b)>\frac{1}{4}$,

$\sqrt{a(1-b)}>\frac{1}{2}$.

同理，由 $4b(1-c)>1$. $4c(1-d)>1$，$4d(1-a)>1$ 分别可得

$\sqrt{b(1-c)}>\frac{1}{2}$，$\sqrt{c(1-d)}>\frac{1}{2}$,

$\sqrt{d(1-a)}>\frac{1}{2}$

于是有 $\sqrt{a(1-b)}+\sqrt{b(1-c)}+\sqrt{c(1-d)}+\sqrt{d(1-a)}>2$

但 $\sqrt{a(1-b)}+\sqrt{b(1-c)}+\sqrt{c(1-d)}+\sqrt{d(1-a)}$

$\leqslant \frac{a+(1-b)}{2}+\frac{b+(1-c)}{2}+\frac{c+(1-d)}{2}+\frac{d+(1-a)}{2}=2$，与上式矛盾.

故　四个乘积不能都大于1.

10. **证明**：假设实数 x, y, z 既能满足 $xy+yz+zx=1$，又能满足 $x+y+z=xyz$，那么方程组

$$\begin{cases} xy+yz+zx=1. & (1) \\ x+y+z=xyz & (2) \end{cases}$$

有实数解.

由(2)得 $(xy-1)z=x+y$，显然 $xy-1 \neq 0$，否则 $xy-1=0$，有 $x+y=0$，从而 $x^2=-1$，与方程组有实数解矛盾. 故 $z=\frac{x+1}{xy-1}$ 代入

(1)得 $xy+\frac{(x+y)^2}{xy-1}=1$，即 $x^2y^2+x^2+y^2+1=0$.

亦即 $(x^2+1)(y^2+1)=0$，而此方程无实数解，与假设 x, y 为实数矛盾.

故　命题结论成立.

11. **证明**：假设 $y=\sin x$ 有正周期 $l<2\pi$，则有

$\sin(x+l)=\sin x$. 令 $x=\frac{\pi}{2}$，则 $\cos l=1$.

$\therefore l=0$，2π，…与 l 的假设矛盾.

故　$y=\sin x$ 的最小正周期为 2π.

12. 证明： 显然 $\sin x\neq 0$.

假设 $\sin x$ 能表示成 x 的 n 次多项式 $f(x)$，即 $\sin x=f(x)$.

但 $f(x)$ 的实根个数不能超过 n.

而 $f(k\pi)=\sin k\pi=0$，$k=0$，±1，±2，…

与以上结论矛盾.

故　$\sin x$ 不能表示成 x 的多项式.

13. 证明： 依条件 $bd+cd=d(b+c)$ 为奇数，故 d 及 $b+c$ 均为奇数.

假设 $x^3+bx^2+cx+d=(x+p)(x^2+qx+r)$　　(1)

其中 p，q，r 都是整数，用 $x=0$ 代入得 $pr=d$,因 d 为奇数，所以 p，r 也均为奇数.

用 $x=1$ 代入(1)有 $(1+p)(1+q+r)=1+b+c+d$，此式右边为奇数，而左边因 $(1+p)$ 为偶数，所以 $(1+p)(1+q+r)$ 为偶数，矛盾，所以(1)式不成立.

故　这个多项式不能分解为两个整系数多项式的乘积.

14. 证明： 假设有一点 M 在六个圆的内部，连接 M 和六个圆的圆心 O_1，O_2，O_3，O_4，O_5，O_6，则有 $MO_1<r_1$，$MO_2<r_2$，…，$MO_6<r_6$(r_1，r_2，…，r_6 分别为六个圆的半径)(如图 4－3 所示).

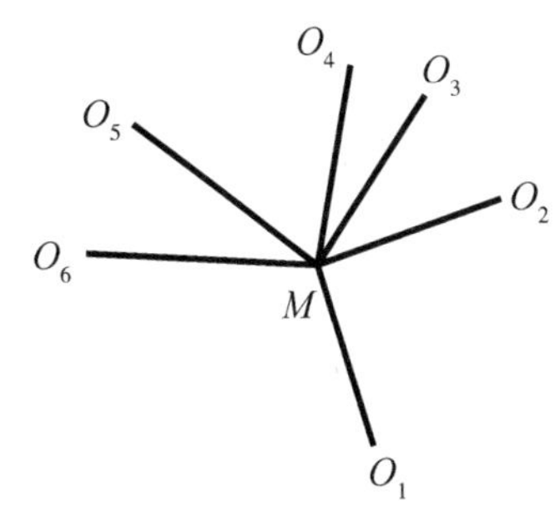

图 4－3

由于过 M 有六条线段，所以至少有两个夹角不超过 60°，不妨设 $\angle O_2MO_3\leqslant 60°$，则在 $\triangle O_2MO_3$ 中，O_2O_3 不会超过 MO_2，MO_3 中较长的一条线段(当 O_2，O_3，M 在一直线上时，这结论也成立)，设 $O_2O_3\leqslant MO_3$，则 $O_2O_3<r_3$，从而 O_2 在圆 O_3 的内部，与题已知条件矛盾. 这样的点 M 是不存在的.

故　原命题成立.

15. 证明： 假设 $a_k=1+b_k$(其中 $b_k\geqslant 0$)

$\because a_1+a_2+\cdots+a_{1949}=1991$，$\therefore b_1+b_2+\cdots+b_{1949}=42$.

但 $a_1a_2\cdots a_{1949}=(1+b_1)(1+b_2)\cdots(1+b_{1949})$

$=1+(b_1+b_2+\cdots+b_{1949})+(b_1b_2+b_1b_3+\cdots+b_{1948}b_{1949})+\cdots+b_1b_2\cdots b_{1949}\geqslant 1+b_1+b_2+\cdots+b_{1949}=1+42=43$，这与 $a_1a_2\cdots a_{1949}=40$ 矛盾.

故　原命题成立.

16. 证明： 假设$\frac{1+y}{x}$与$\frac{1+x}{y}$都不小于 2，

即$\frac{1+y}{x}\geqslant 2$，$\frac{1+x}{y}\geqslant 2$，则$\because x>0$，$y>0$，

$\therefore 1+y\geqslant 2x$，$1+x\geqslant 2y$，

于是有 $2+x+y\geqslant 2(x+y)$ 即 $x+y\leqslant 2$，与已知 $x+y>2$ 矛盾.

故　$\frac{1+y}{x}$与$\frac{1+x}{y}$中至少有一个小于 2.

17. 证明： 假设方程的根不是整数，为 $x=\frac{r}{s}$(r，s 互质且均为整数，$s\neq 0$)，代入方程得 $r^2+ars+bs^2=0$，

如果 $|s|\neq 1$，则等式后两项都有因子 s，所以 s 为 r 的因子，这和 r，s 互质矛盾，于是 $|s|=1$，即$\frac{r}{s}$为整数.

18. 证明： 假设不然，即有不在边界上的某数 a 大于表中其他各数，特别大于它的相邻四数 b，c，d，e，于是有

$a>\frac{1}{4}(b+c+d+e)$　这与假设矛盾.

故　命题成立.

19. 证明： 假设不存在这样两个数，它们之差也在此组中，则 1 与 2 不能同组，2 与 4 也不能同组，于是 1 与 4 必同组，并且此组不能有 3，所以 2 与 3 必同在另一组中，但这样一来，5 就不能在任一组中，与前提矛盾.

故　命题得证.

20. 证明：假设方程的一组解 x，y 不同时为 0，则

$a^2x^2>0$ 与 $b^2y^2>0$ 至少有一个成立.

$\therefore a^2x^2+b^2y^2>0$，这与 x，y 是方程 $a^2x^2+b^2y^2=0$ 的解矛盾.

故　方程只有唯一解 $x=0$，$y=0$.

21. 证明：显然(0，0，0)是方程组的一组解，假设(x_1, x_2, x_3)是方程组的另一组解，则分两种情形：

(1)$x_i(i=1, 2, 3)$中至少有一个正数；

(2)$x_i(i=1, 2, 3)$中至少有一个负数；

对于情形(1)，不妨设 $x_1>0$，$x_1\geqslant x_2$，$x_1\geqslant x_3$，

$\because a_{12}<0$，$a_{13}<0$

$\therefore a_{12}x_2\geqslant a_{12}x_1$，$a_{13}x_3\geqslant a_{13}x_1$.

又　$a_{11}+a_{12}+a_{13}>0$

$\therefore a_{11}x_1+a_{12}x_2+a_{13}x_3\geqslant(a_{11}+a_{12}+a_{13})x_1>0$

这与方程组解的定义矛盾.

对于情形(2)，不妨设 $x_1<0$，$x_1\leqslant x_2$，$x_1\leqslant x_3$，则

$-x_1>0$，$-x_1\geqslant -x_2$，$-x_1\geqslant -x_3$.

根据(1)知　$a_{11}x_1+a_{12}x_2+a_{13}x_3=-[a_{11}(-x_1)+a_{12}(-x_2)+a_{13}(-x_{13})]<0$　同样导致矛盾.

综上，方程组仅有一组解(0，0，0).

22. 证明：假设素数仅有 n 个：p_1，p_2，…，p_n，取整数 $N=p_1p_2\cdots p_n+1$，显然，N 不能被这 n 个素数中的任何一个整除，因此，或者 N 本身就是素数(显然，N 不等于 p_1，p_2，…，p_n 中的任何一个)，或者 N 还含有这 n 个素数以外的素因数 p，这些都与素数仅有 n 个的假设矛盾.

故　素数的个数不可能是有限的，即有无限多个.

23. 证明：设 $f(x)=a_nx^n+a_{n-1}x^{n-1}+\cdots+a_1x+a_0$，其中 $a_i\in z(i=0, 1, \cdots, n)$.

若 $a_0=0$，则 $f(k)=k(a_nk^{n-1}+a_{n-1}k^{n-2}+\cdots+a_1)$

由于 k 可取遍所有质数，故数列 $f(1)$，$f(2)$，$f(3)$，…中含有无穷多个不同的质因数.

若 $a_0\neq 0$，假设数列 $f(1)$，$f(2)$，…中只含有有限多个质因素 p_1，p_2，…，p_k，取 $x=p_1p_2$，…，$p_ka_0y(y\in Z)$，则得

$$\begin{aligned}f(p_1p_2\cdots p_ka_0y)&=a_n(p_1p_2\cdots p_ka_0)^ny^n+\\&\quad a_{n-1}(p_1p_2\cdots p_ka_0)^{n-1}y^{n-1}+\\&\quad\cdots+a_1(p_1p_2\cdots p_ka_0)y+a_0\\&=a_0(Any^n+A_{n-1}y^{n-1}+\cdots+\\&\quad A_1y+1)\end{aligned}$$

其中 $A_j=a_j(p_1p_2\cdots p_k)^ja_0{}^{j-1}$　$(j=1, 2, \cdots, n)$

设 $g(y)=A_ny^n+A_{n-1}y^{n-1}+\cdots+A_1y+1$，则 $p_1p_2\cdots p_k\mid A_j(j=1, 2, \cdots, n)$ 从而得 $p_1p_2\cdots p_k\mid[g(y)-1]$

因此，p_1，p_2，…，p_k 均不是 $g(y)$ 的质因数.

因为方程 $g(y)=\pm 1$ 至多有 $2n$ 个根，因此必有整数 y_0，满足 $a_0y_0>0$，使 $g(y_0)\neq\pm 1$，这样 $g(y_0)$ 必含有一个质数 p. 它异于 p_1，p_2，…，p_k，进一步可知 $f(p_1p_2\cdots p_ka_0y_0)=a_0q(y_0)$ 含有一个异于 p_1，p_2，…，p_k 的质因数与前面假设矛盾.

故　命题结论成立.

24. 证明：假设$\sqrt{2}$是有理数，则$\sqrt{2}$可表示为一个既约分数$\dfrac{p}{q}$(p，q 互质皆为正整数)，即

$\sqrt{2}=\dfrac{p}{q}$，

于是有 $2=\dfrac{p^2}{q^2}$，$p^2=2q^2$. p^2 可被 2 整除，所以 p 必须为偶数，设 $p=2n$(n 为正整数)，代入 $p^2=2q^2$，得 $q^2=2n^2$，于是 q^2 也可以被 2 整除，也就是说 q 也是偶数，这与假设 p，q 互质矛盾.

故　$\sqrt{2}$是无理数.

25. 证明：假设$\sqrt{5}$是有理数，则$\sqrt{5}$一定可以表示成一个既约分数，设$\sqrt{5}=\dfrac{q}{p}$(p，q 为互质的正整数)，

则 $5=\dfrac{q^2}{p^2}$，即 $5p^2=q^2$.

所以 q 是 5 的倍数.

再设 $q=5m$（m 为正整数），

则 $5p^2=(5m)^2$，即 $p^2=5m^2$，所以 p 也是 5 的倍数.

既然 p，q 都是 5 的倍数，$\frac{q}{p}$ 就不是既约分数，与假设矛盾.

故　$\sqrt{5}$ 不能是有理数.

26. 证明： 假设兄弟 A 在病友家中没有遇见自己的妻子，这有两种可能：或者 A 的妻子较 A 先来探望过（在此情形下，她离开病友家要较其他二妯娌早，因为兄弟 A 要在病友家见到二妯娌），或者 A 的妻子到病友家较 A 迟（在此情形下，她到病友家要比其他二妯娌迟），也就是说，只有在如此的场合，一个妯娌不能在病友家中遇见自己的丈夫. 她离开病友家较其他二妯娌早（这种妯娌至多一个），或者她在病友家中较其他二妯娌迟（这种妯娌至多一个），因此，三个妯娌至少有一个要在病友家中遇见自己的丈夫.

27. 证明： 假设 $p+q>2$，即 $q>2-p$，则

$p^3+q^3>p^3+(2-p)^3=p^3+8-12p+6p^2-p^3=6p^2-12p+8=6(p-1)^2+2\geqslant 2$.

即 $p^3+q^3>2$ 与已知条件矛盾.

故　$p+q\leqslant 2$.

28. 证明： 假设 $a_1+a_2+a_3\leqslant n$，则一定存在自然数 $k(3\leqslant k\leqslant n-1)$，使 $a_1+a_2+a_3+\cdots+a_n\leqslant n$，且 $a_1+a_2+\cdots+a_k+a_{k+1}>n$.

这是因为 $a_1\geqslant a_2\geqslant\cdots\geqslant a_n\geqslant 0$，$(a_1+a_2+\cdots+a_n)^2\geqslant a_1^2+a_2^2+\cdots a_n^2>n^2$ 从而有 $a_1+a_2+\cdots+a_n>n$ 的缘故.

于是令 $\delta=n-(a_1+a_2+a_3+\cdots+a_k)(\delta\geqslant 0)$，则 $n=(a_1+a_2+\cdots+a_k)+\delta$，

因此 $a_{k+1}+a_{k+2}+\cdots+a_n=(a_1+a_2+\cdots+a_n)-(a_1+a_2+\cdots a_k)$

$\leqslant 3n-(n-\delta)=2n+\delta$

故有 $a_1^2+a_2^2+\cdots+a_n^2=a_1^2+a_2^2+\cdots+a_k^2+a_{k+1}\delta-a_{k+1}\delta+a_{k+1}^2+a_{k+2}^2+\cdots+a_n^2$

$\leqslant a_1(a_1+a_2+\cdots+a_k+\delta)+a_{k+1}(-\delta+a_{k+1}+\cdots+a_n)$

$\leqslant a_1n+a_{k+1}(-\delta+2n+\delta)=a_1n+a_{k+1}\cdot 2n$

$\leqslant na_1+n(a_2+a_3)=n(a_1+a_2+a_3)\leqslant n^2$

与题设矛盾.

故　$a_1+a_2+a_3>n$.

29. 证明： 如图 4－4 所示，设 $PA\perp$ 平面 α. PO 是斜线，AO 是 PO 在平面 α 上的射影，a 为平面 α 内的一条直线，且 $PO\perp a$.

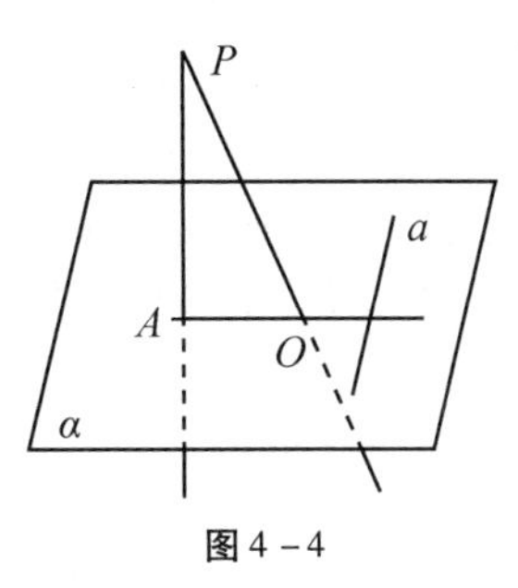

图 4－4

假设直线 a 不垂直 AO，则在平面 α 内可作直线 $a'\perp AO$，由三垂线定理可知 $a'\perp PO$.

$\because a\perp PO$，且 a 与 a' 相交.

$\therefore PO\perp$ 平面 α，这与已知 PO 是平面 α 的斜线矛盾.

故　$a\perp AO$.

30. 解： 假定 $x\geqslant y$. 由于余弦函数在 $[0,\frac{\pi}{2}]$ 上是单调递减的，所以 $0<\cos x\leqslant\cos y=y<\frac{\pi}{2}$，于是 $x=\sin(\cos x)<\cos x\leqslant\cos y=y$. 与 $x\geqslant y$ 矛盾. 因而 $x<y$.

又假定 $y\geqslant z$，则 $0<\sin z<z\leqslant y<\frac{\pi}{2}$. 于是 $z=\cos(\sin z)>\cos z\geqslant\cos y=y$　与 $y\geqslant z$ 矛盾，因而 $y<z$.

故　得 $x<y<z$.

习　题　二

1. 证明：假设 ly2 是有理数. 则 $\lg 2=\frac{m}{n}$（m，n 为互质的整数，且 $n\neq 0$）. 于是有 $10^m=2^n$

若 $m=0$，则 $n=0$ 与假设矛盾.

若 $m>0$，则左边有因数 5，而右边没有，不可能相等.

故　ly2 是无理数.

2. 证明：假设 p 不是质数，则

$p=kl(1<k<p)$. $2^p-1=(2^k)^l-1$

此式必有 2^k-1 的因式，$2^p-1>2^k-1>1$

$\therefore 2^p-1$ 不是质数，与已知 2^p-1 是质数矛盾.

故　p 是质数.

3. 证明：假设这个小数是循环的，并设循环节由 n 位数码组成，考虑自然数 $\underbrace{100\cdots0}_{2n\text{ 个 }0}$，它必在小数中出现（虽然可能出现在离开小数点十分远处），于是 $\underbrace{100\cdots0}_{2n\text{ 个 }0}$ 中至少含有一个循环节，这就是说，循环节的所有数码都是 0，但这显然是不可能的. 因此，已知的小数不是循环的.

4. 证明：假设对某个自然数 n，使 $4n-1$ 等于两个自然数 x，y 的平方和. 即 $4n-1=x^2+y^2$.

因 $4n-1$ 为奇数，故 x^2 与 y^2 必一奇一偶，不妨设 x^2 为奇数，y^2 为偶数，于是 x 为奇数，y 为偶数. 令 $x=2k-1$，$y=2t$，则得

$4n-1=(2k-1)^2+(2t)=4k^2-4k+4t^2+1$

即 $2(n-k^2+k-t^2)=1$.

上式左边为偶数，右边为奇数. 矛盾.

故　命题得证.

5. 证明：假设 $64=n+(n+1)+\cdots+(n+m)$（n，$m\in\mathbf{N}$），则

$2^6=\frac{(m+1)[n+(n+m)]}{2}$，即

$(m+1)(2n+m)=2^7$.

因此，$m+1$ 与 $2n+m$ 都是 2 的某次方.

设 $m+1=2^k$（$k\in\mathbf{N}$），则 $m=2^k-1$，m 为奇数.

又由 $(m+1)(2n+m)=2^7$ 及 $m+1=2^k$ 得 $m=2^{7-k}-2n$，所以 m 为偶数，与前矛盾.

故　64 不能是 n 个连续自然数的和.

6. 证明：假设有 m 个（$m>\frac{n+1}{2}$）既约分数，这些既约分数为 $\frac{p_i}{q_i}$（$i=1, 2, \cdots, m$），$\frac{p_i}{q_i}\in(x_1, x_2)$，不妨设 $q_i=2^{k_i}r_i$（其中 r_i 为不大于 n 的奇数，k_i 为非负整数）.

由于 $m>\frac{n+1}{2}$，根据抽屉原则，r_1，r_2，…，r_m 中必有两数相同，不妨设 $r_1=r_2=r$，$k_1\geqslant k_2$ 则

$x_2-x_1>\left|\frac{p_1}{q_i}-\frac{p_2}{q_2}\right|=\left|\frac{p_1}{2^{k_1}r}-\frac{p_2}{2^{k_2}r}\right|=\left|\frac{p_1-2^{k_1-k_2}p_2}{2^{k_1}r}\right|\geqslant\frac{1}{2^{k_1}r}>\frac{1}{n}$ 这与 $x_2-x_1=\frac{1}{n}$ 相矛盾.

故　命题结论成立.

7. 证明：假设 $b(2-a)$，$c(2-b)$，$a(2-c)$ 都大于 1，即

$b(2-a)>1$，$c(2-b)>1$，$a(2-c)>1$.

$$\therefore b(2-a)c(2-b)a(2-c)>1 \qquad (1)$$

但 $a\in(0, 2)$，所以 $a(2-a)\leqslant\left[\frac{a+(2-a)}{2}\right]^2=1$

即 $a(2-a)\leqslant 1$，同理 $b(2-b)\leqslant 1$，$c(2-c)\leqslant 1$.

于是 $a(2-a)b(2-b)c(2-c)\leqslant 1$ 与(1)式矛盾.

故　原命题结论成立.

8. 证明：假设 $s=1+\frac{1}{2}+\frac{1}{3}+\cdots+\frac{1}{n}$ 为整数.

令 k_0 是满足 $2^{k_0}\leqslant n\leqslant 2^{k_0+1}$ 的自然数，m 为所有不超过 n 的奇数的乘积，则 m 为奇数.

$$\because m\cdot 2^{k_0-1}s=m\cdot 2^{k_0-1}+\frac{m\cdot 2^{k_0-1}}{2}+\frac{m\cdot 2^{k_0-1}}{3}+\cdots+\frac{m\cdot 2^{k_0-1}}{n} \qquad (1)$$

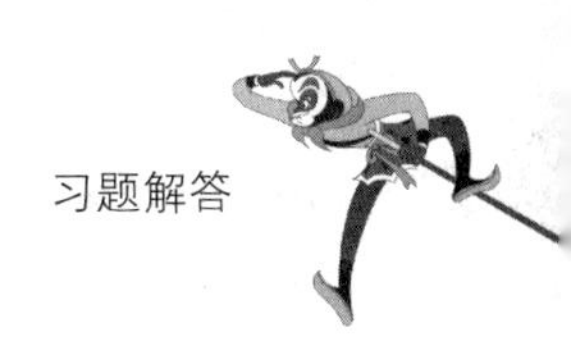

注意到，当$2\leqslant k\leqslant n$，且$k\neq 2^{k_0}$时，提取k的2因子，可以写成$k=2^{\alpha}k_1$，这里$\alpha\geqslant 0$，k_1为不超过n的奇数，由k_0的定义可知$0\leqslant\alpha\leqslant k_0-1$.

$\therefore \dfrac{m\cdot 2^{k_0-1}}{k}$是整数. 但$\dfrac{2^{k_0-1}\cdot m}{2^{k_0}}=\dfrac{m}{2}$是纯分数.

于是(1)中，除$\dfrac{2^{k_0-1}\cdot m}{2^{k_0}}$外都是整数，矛盾.

故　对于任意的整数$n>1$，表达式$1+\dfrac{1}{2}+\dfrac{1}{3}+\cdots+\dfrac{1}{n}$都不是整数.

9. 证明： 假设存在整系数多项式$p(x)$使得

$p(a)=b$，$p(b)=c$，$p(c)=a$，

则$p(a)-p(b)=b-c$，

而$(a-b)$是$p(a)-p(b)$的因式，所以$(b-c)$能被$(a-b)$整除.

$\therefore |b-c|=m_1|a-b|$，

同理$|c-a|=m_2|b-c|$.

$|a-b|=m_3|c-a|$.

这里m_1，m_2，m_3是正整数. 由此得

$|a-b|\leqslant|b-c|$，$|b-c|\leqslant|c-a|$，

$|c-a|\leqslant|a-b|$.

$\therefore |a-b|=|b-c|=|c-a|$.

但$(a-b)+(b-c)+(c-a)=0$.

故　必有　$a-b=b-c=c-a=0$，

即$a=b=c$与题设矛盾.

故　不存在整系数多项式$p(x)$，

使得$p(a)=b$，$p(b)=c$，$p(c)=a$.

10. 证明： 假设n^2+3n+5能被121整除，即存在某一整数m，使$n^2+3n+5=121m$. 解这个关于n的方程，得

$$n=\frac{-3\pm\sqrt{11(44m-1)}}{2}$$

$\because n$是整数，$\therefore 11(44m-1)=(11k)^2$（$k$是整数）.

即$44m-1=11k^2$.

但m无论取任何整数. $44m-1$都不是11的倍数，产生矛盾.

故　n^2+3n+5不能被121整除.

11. 证明： 假设$p(x)$是可约的，则

$p(x)=p_1(x)p_2(x)$.

其中$\partial[p_1(x))<\partial(p(x)]$，$\partial(p_2(x))<\partial[p(x)]$，$\partial[p(x)]$表示多项式$p(x)$的次数.

于是$p(x)\mid p_1(x)p_2(x)$

但显然$p(x)\nmid p_1(x)$，$p(x)\nmid p_2(x)$. 此与题设矛盾.

故　$p(x)$是不可约多项式.

12. 证明： 假设$(f(x)g(x), f(x)+g(x))\neq 1$，令不可约多项式$p(x)$是$f(x)g(x)$与$f(x)+g(x)$的公因式，则

$p(x)\mid f(x)g(x)$，$p(x)\mid(f(x)+g(x))$

由$p(x)\mid f(x)g(x)$有$p(x)\mid(f(x)$或$p(x)\mid g(x)$，不妨设$p(x)\mid f(x)$. 于是$p(x)\mid[f(x)+g(x)-f(x)]$. 即$p(x)\mid g(x)$.

由题设$(f(x), g(x))=1$，所以$p(x)=1$.

此与$p(x)$是不可约多项式的假设矛盾.

故　$[f(x)g(x), f(x)+g(x)]=1$.

13. 证明： 假设$a\neq b$，则可令$a=b+\alpha$，$\alpha\in\mathbf{R}$且$\alpha\neq 0$，于是有$\alpha+\sqrt{c}=\sqrt{d}$，$\alpha^2+2\alpha\sqrt{c}+c=d$，

即$\sqrt{c}=\dfrac{d-c-\alpha^2}{2\alpha}$.

此等式左边是无理数，右边是有理数，这是不可能的.

$\therefore a=b$，

同理可证$c=d$.

14. 证明： 设a，b的最大公约数是d，则d一定整除a，b，由$a=bq+r$，可知d也一定整除r，$\therefore d$是b，r的公约数.

再证d是b，r的最大公约数.

假设d不是b与r的最大公约数，则d一定小于b与r的最大公约数d'，d'也是a与b的公约数，则$d'\leqslant d$. $d<d'$与$d'\leqslant d$同时成立是不可能的.

故　d是b与r的最大公约数.

15. 证明： 假设既约分数$\dfrac{p}{q}$是$f(x)$的根，则

$f(x)=(qx-p)g(x)$.

由$f(x)$是整系数多项式及$qx-p$是本原多项式知$g(x)$是整系数多项式.

设$g(x)=b_0x^{n-1}+b_1x^{n-2}+\cdots+b_{n-2}x+$

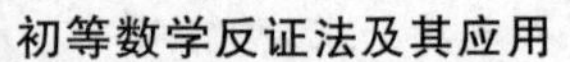

b_{n-1}.

其中 $b_i(i=0, 1, 2, \cdots, n-1)$ 为整数，比较系数得.

$a_0=qb_0$，$a_n=-pb_{n-1}$.

$\therefore q \mid a_0$，$p \mid a_n$.

又 $f(1)=(q-p)g(1)$，

$f(-1)=(-q-p)g(-1)$，

$\therefore |p-q| \mid f(1)$，$(p+q) \mid f(-1)$.

由题设 $3 \nmid a_n$，$3 \nmid a_0$，$\therefore 3 \nmid p$，$3 \nmid q$.

于是 $p=3s+1$ 或 $p=3s+2$ 及 $q=3t+1$ 或 $q=3t+2$，其中 s，t 为整数.

那么无论 p 和 q 取何种情况，必有

$3 \mid (p-q)$ 或者 $3 \mid (p+q)$

于是 $3 \mid f(1)$ 或 $3 \mid f(-1)$ 与题设矛盾.

故　$f(x)$ 没有有理根.

16. 证明：假设三个方程有公共实数解 α，则关于 a，b，c 的齐次方程组

$$\begin{cases}\alpha^2 \cdot a+2\alpha \cdot b+c=0\\ a+\alpha^2 b+2\alpha \cdot c=0\\ 2\alpha \cdot a+b+\alpha^2 \cdot c=0\end{cases}$$

应有一组非零解. 因而系数行列式必须为0，即

$$\begin{vmatrix}\alpha^2 & 2\alpha & 1\\ 1 & \alpha^2 & 2\alpha\\ 2\alpha & 1 & \alpha^2\end{vmatrix}=0$$

$\alpha^6+2\alpha^3+1=0$. $(\alpha^3+1)^2=0$.

$\therefore \alpha=-1$.

但若 $\alpha=-1$. 方程组变为

$$\begin{cases}a-2b+c=0\\ a+b-2c=0\\ -2a+b+c=0\end{cases}$$

前两个方程相减，得 $b=c$ 与已知条件矛盾.

故　三个方程没有公共的实数解.

17. 证明：假设这两个方程都没有实根，则

$\Delta_1=a_1^2-4b_1<0$，$\Delta_2=a_2^2-4b_2<0$.

$\therefore \Delta_1+\Delta_2<0$.

$$\begin{aligned}\text{而 } \Delta_1+\Delta_2 &=(a_1^2-4b_1)+(a_2^2-4b_2)\\ &=a_1^2+a_2^2-4(b_1+b_2)\\ &=a_1^2+a_2^2-4\times\frac{a_1a_2}{2}\\ &=(a_1-a_2)^2 \geqslant 0.\end{aligned}$$

这与上式 $\Delta_1+\Delta_2<0$ 矛盾.

故　这两个方程最多有一个方程没有实根.

18. 证明：假设等式成立，则显然 $x<z$，$y<z$，由对称性，可设 $y \geqslant x$，于是

$z^n-y^n=(z-y)(z^{n-1}+z^{n-2}y+\cdots+zy^{n-2}+y^{n-1})>1 \cdot n \cdot x^{n-1} \geqslant z \cdot x^{n-1}>x^n$

这与假设 $x^n+y^n=z^n$ 矛盾.

故　原命题成立.

19. 证明：假设 z 不在多边形的内部. 由于多边形是凸的，因此，总可以找到多边形的一条边，使整个多边形和 z 点位于这边所在直线的两边，也就是说，复数 $z-c_1$，$z-c_2$，$\cdots$，$z-c_n$ 的辐角范围必定小于某一个小于180°的角，而 $\frac{1}{z-c_1}$ 和 $z-c_1$ 的辐角是关于实轴 x 轴对称的，因而 $\frac{1}{z-c_1}$，$\frac{1}{z-c_2}$，$\cdots$，$\frac{1}{z-c_n}$ 的辐角范围也小于180°的角，因此这些复数的和不会为0，这与已知条件矛盾.

故　满足该条件的 z 所代表的点位于这个凸多边形的内部.

20. 证明：假设 $\sqrt[n]{a} \ngtr \sqrt[n]{b}$，则 $\sqrt[n]{a}=\sqrt[n]{b}$ 或 $\sqrt[n]{a}<\sqrt[n]{b}$.

1°　若 $\sqrt[n]{a}=\sqrt[n]{b}$，$\because a>b>0$，n 为大于1的整数.

$\therefore a=b$，这与已知 $a>b$ 矛盾. $\therefore \sqrt[n]{a}=\sqrt[n]{b}$ 不成立.

2°　若 $\sqrt[n]{a}<\sqrt[n]{b}$，$\because a>b>0$，$n>1$ 的整数.

$\therefore a<b$. 也与已知 $a>b$ 矛盾，$\therefore \sqrt[n]{a}<\sqrt[n]{b}$ 也不成立.

综上所述，得 $\sqrt[n]{a}>\sqrt[n]{b}$.

21. 证明：由 $abc>0$ 知 a，b，c 均不为0，假设 a，b，c 中至少有一个为负数，不妨设 $a<0$，则 $bc<0$，

$\because bc+ca+ab>0$　$\therefore a(b+c)>-bc>0$.

又 $a<0$，　$\therefore b+c<0$.

$\therefore a+b+c<0$ 与已知 $a+b+c>0$ 矛盾.

故　$a>0$，$b>0$，$c>0$.

22. 证明：假设 $mp-n^2>0$，即 $mp>n^2$　　(3)

(2) × (3) 得　$acmp > b^2n^2$　　(4)

由(1)的平方得　$(ap+cm)^2 = 4b^2n^2$　　(5)

把(4)代入(5)得　$(ap+cm)^2 < 4acmp$

整理合并得 $(ap-cm)^2 < 0$

这与实数的性质(即任一实数的平方不小于0)矛盾.

$\therefore mp - n^2 \leqslant 0$.

23. 证明: 假设$\sqrt{2}$, $\sqrt{3}$, $\sqrt{6}$是某等差数列中的三项, 则$\sqrt{3}=\sqrt{2}+md$, $\sqrt{6}=\sqrt{2}+nd(m, n\in\mathbf{Z})$

两式相减得 $d=\dfrac{\sqrt{3}-\sqrt{6}}{m-n}$, 代入后式得

$\dfrac{n}{m}+2=3\sqrt{2}-\sqrt{6}+2\sqrt{3}$.

此式左边为有理数, 右边为无理数, 矛盾.

故　$\sqrt{2}$, $\sqrt{3}$, $\sqrt{6}$不能是同一个等差数列的项.

24. 证明: 假设$\dfrac{1}{a}$, $\dfrac{1}{b}$, $\dfrac{1}{c}$成等差数列, 则

$\dfrac{1}{b}-\dfrac{1}{a}=\dfrac{1}{c}-\dfrac{1}{b}$,

即$\dfrac{a-b}{ab}=\dfrac{b-c}{bc}$.

$\because a-b=b-c\neq 0$.　　$\therefore \dfrac{1}{a}=\dfrac{1}{c}$.

即 $a=c$, 但数列 a, b, c 的公差不为 0, $a\neq c$. 矛盾.

故　$\dfrac{1}{a}$, $\dfrac{1}{b}$, $\dfrac{1}{c}$不能成等差数列.

25. 证明: 假设该三角形的三个内角成等差数列, 则有一内角为 60°, 设三个圆的半径为 r_1, r_2, r_3, 则 $r_1=r_2-d$, $r_3=r_2+d$, 依余弦定理得$(2r_2)^2=(2r_2-d)^2+(2r_2+d)^2-2(2r_2-d)(2r_2+d)\cos 60°$

由此得 $d=0$, 这与三个圆不相等矛盾.

故　该三角形的三个内角不能成等差数列.

26. 证明: 令 ar^p, ar^q 是数列的任意两项(a 为首项、r 为公比). 不妨设 $p<q$.

假设数列中另一项 ar^s 满足

$ar^p+ar^q=ar^s$.　　(1)

因 ar^p, ar^q, ar^s 都不为 0(等比数列没有为 0 的项).

故　$s\neq p$, $s\neq q$.

若 $p<q<s$, 则(1)变为

$1+r^{q-p}=r^{s-p}$, 得 $r^{q-p}(r^{s-q}-1)=1$　　(2)

由于 r 是不等于 0 的整数, 因此, r^{q-p} 与 $r^{s-q}-1$ 也是整数, 且其中至少有一个的绝对值不等于 1. 事实上, 若 $|r^{q-p}|=1$, 由于 $q-p>1$. 故 $|r|=1$, 于是 $|r^{s-q}-1|\neq 1$, 若 $|r^{s-q}-1|=1$, 由于 $s-q>0$, 故 $|r|\neq 1$, 于是 $|r^{q-p}|\neq 1$, 从而 $r^{q-p}(r^{s-q}-1)\neq 1$, 与(2)矛盾.

若 $p<s<q$, 则(1)变为

$1+r^{q-p}=r^{s-p}$, 得 $r^{s-p}(1-r^{q-s})=1$　　(3)

若 $s<p<q$, 则(1)变为

$r^{p-s}+r^{q-s}=1$, 得 $r^{p-s}(1+r^{q-p})=1$　　(4)

用前面类似的方法可分别证得

$r^{s-p}(1-r^{q-s})\neq 1$ 及 $r^{p-s}(1+r^{q-p})\neq 1$

而分别与(3)及(4)矛盾.

故　原命题成立.

27. 证明: 令 $A=\{x_1, x_2, x_3, \cdots, x_n\}$, 且 $d_i=x_{i+1}-x_i>0(x_i\in\mathbf{N})$, 假设 A 中有两个元素 x_i, x_{i+1}满足 $x_{i+1}>x_i\geqslant 25$, 则有

$x_{i+1}-x_i\geqslant\dfrac{x_ix_{i+1}}{25}\geqslant x_{i+1}$, $\therefore x_i\leqslant 0$ 与 $x_i\geqslant 25$ 矛盾.

故　A 中至多有一个元素不小于 25, 即 $x_n\geqslant 25$, $x_{n-1}\leqslant 24$.

又 $d_i=x_{i+1}-x_i\geqslant\dfrac{x_ix_{i+1}}{25}$

$\therefore 25d_i\geqslant x_i(x_i+d_i)$, $d_i\geqslant\dfrac{x_i^2}{25-x_i}$.

$\because x_5\geqslant 5$,　　$\therefore d_5\geqslant\dfrac{25}{20}>1$.

$x_6\geqslant 7$,　　$\therefore d_6\geqslant\dfrac{49}{18}>2$.

$x_7\geqslant 10$,　　$\therefore d_7\geqslant\dfrac{100}{15}>6$.

$x_8\geqslant 17$,　　$\therefore d_8\geqslant\dfrac{289}{8}>36$.

$\therefore x_9\geqslant 54$,　　A 中至多有 9 个元素.

28. 证明: 假设存在这样的 a, b, 使得 $A\cap B\neq\varnothing$. 且$(a, b)\in c$, 即有　$a^2+b^2=144k^2$ $(0\leqslant k\leqslant 1)$　使得　　(1)

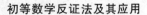

$$\begin{cases} y=ax+b \\ y=3x^2+15 \end{cases} \quad (2)$$

有解．这里由集合而知 x，$y\in \mathbf{Z}$.

由方程组(2)得 $3x^2-ax-(15-b)=0$.

由于 $x\in \mathbf{Z}$. $\quad \therefore \Delta=a^2-12(15-b)\geqslant 0$ (3)

由(1)设 $a=12k\sin\alpha$，$b=12k\cos\alpha$，代入(3)并化简得

$\Delta=-36(2k\cos\alpha-1)^2-144(1-k^2)\geqslant 0$.

从而只有 $k=1$. $\cos\alpha=\dfrac{1}{2}$.

于是 $a=\pm 6\sqrt{3}$，而 $x=\dfrac{a}{2\times 3}=\pm\sqrt{3}$ 与 $x\in\mathbf{Z}$ 矛盾.

故　同时满足(1)、(2)的实数 a，b 是不存在的。

29. **证明**：不难验证，1 是 $f(x)$ 的周期，因此，$f(x)$ 是周期函数．用反证法证明 1 是 $f(x)$ 的最小正周期.

假设 $f(x)$ 存在比 1 更小的正周期 T，即存在满足 $0<T<1$ 的 T，使等式 $f(x+T)=f(x)$ 对于一切实数 x 均成立．取 $x=0$，有 $f(T)=f(0)$，即

$T-[T]=0-[0]$

于是有 $T=0$，这与 $0<T<1$ 矛盾.

故　$f(x)$ 不存在比 1 更小的正周期.

30. **证明**：首先，对于任一道题 A，设它被 r 个人解出，若重复计算，则这些人还解出了其他 $6r$ 道题，另一方面，题 A 与其他 27 道题中一道题配对，可配 27 对，每对恰被 2 人解出，故其他 27 题中的每一题有且只有一人解出，因而

$6r=2\times 27$, $\quad r=9$.

即每一题都有 9 人解出，故参赛人数为

$9\times 28\div 7=36$ 人.

假设解出一式中 1 道、2 道、3 道题的人数分别为 x，y，z(x，y，z 为非负整数，且其中至少有一个为正整数)，又设一式共有 n 道题($n\in\mathbf{N}$)，于是

$$\begin{cases} x+y+z=36 & (1) \\ x+2y+3z=9n & (2) \\ \dfrac{1}{2}(y+3z)=\dfrac{1}{2}n(n-1) & (3) \end{cases}$$

由(1)、(2)、(3)解得

$y=-2n^2+29n-108=-2(n-\dfrac{29}{4})^2-\dfrac{23}{8}<0$

这是不可能的.

故　命题结论成立.

31. **证明**：设比赛盘数最多的分组法是三个组的人数分别为 r，s，t($r+s+t=n$)，则比赛的总盘数是 $rs+st+tr$.

假设比赛盘数最多的分组法中"任何两组人数最多相差 1 人"不成立．则至少能找到某两个组，它们的人数之差≥2，为确定起见，不妨设 $r-t\geqslant 2$ 我们就在人数为 r 的组中取出 1 人放到人数为 t 的组中，这样就得到三组的人数分别为 $r-1$，s，$t+1$ 的分组，这个分组法按规定总共要赛

$(r-1)s+s(t+1)+(t+1)(r-1)=rs+st+rt+r-t-1$(盘)

$\because r-t\geqslant 2$,

$\therefore rs+st+tr+r-t-1>rs+st+tr$.

这表示，按新法分组总盘数大于原来分组比赛的总盘数，这与按 r，s，t 分组比赛盘数最多的假设矛盾，所以不能有两组人数差≥2.

故　要想总的比赛盘数最多，分组的办法应使任何两组的人数最多相差 1 人.

32. **证明**：我们首先证明，被任何格线剖开的小矩形总是偶数块．事实上，当格子被分成两部分时，每一部分的格子数是偶数(因为原方格纸各边 6 格)，其中，完整的小矩形盖住的格子也是偶数(因为每个矩形占 2 格)，每个被剖分的小矩形盖住的格子数是 1，即是奇数，这样被剖分的矩形数必是偶数.

假设使命题结论不成立，则 5 条纵格线及 5 条横格线的每一条，都至少剖分了 2 个矩形，且每个小矩形只能被一条格线所剖分．所以小矩形被剖分的就至少有 $(5+5)\times 2=20$(个)，这与一共只有 18 个小矩形矛盾.

故　命题结论成立.

33. **证明**：假设每一段都小于 $\dfrac{1}{4}AB$，则四段之和小于 AB，这与已知四段之和等于 AB 矛盾.

类似地，假设每一段都大于$\frac{1}{4}AB$，则四段之和大于AB，这与已知四段之和等于AB矛盾.

故　原命题成立.

34. 证明： 如图4－5所示，假设t_1，t_2，t_3，t_4都小于$\frac{\sqrt{2}}{2}$，

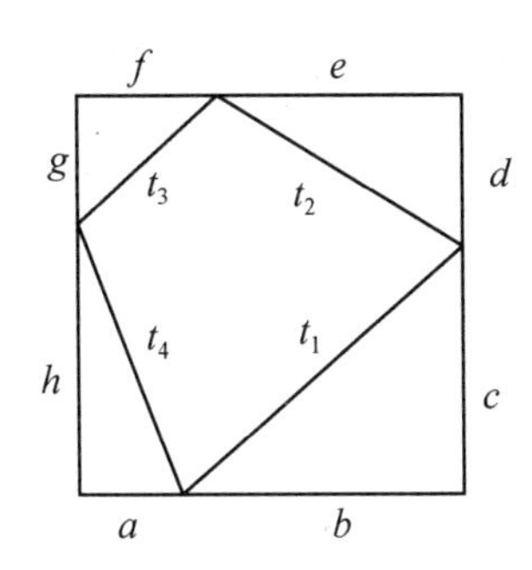

图4－5

则$a^2+h^2=t_4^2<(\frac{\sqrt{2}}{2})^2=\frac{1}{2}$.

同理$b^2+c^2<\frac{1}{2}$，$d^2+e^2<\frac{1}{2}$，

$f^2+g^2<\frac{1}{2}$，

上述四式相加得

$a^2+b^2+c^2+d^2+e^2+f^2+g^2+h^2$

$<\frac{1}{2}+\frac{1}{2}+\frac{1}{2}+\frac{1}{2}=2$　　(1)

另一方面$a^2+b^2=(a+b)^2-2ab=1-2ab$

$(\because a+b=1)$

同理$c^2+d^2=1-2cd$，$e^2+f^2=1-2ef$，

$g^2+h^2=1-2gh$.

上述四式相加得

$a^2+b^2+c^2+d^2+e^2+f^2+g^2+h^2$

$=4-2(ab+cd+ef+gh)$　　(2)

由(1)、(2)得　$4-2(ab+cd+ef+gh)<2$.

$\therefore ab+cd+ef+gh>1$　　(3)

由$\frac{a+b}{2}=\frac{1}{2}\geqslant\sqrt{ab}$有$ab\leqslant\frac{1}{4}$.

同理　$cd\leqslant\frac{1}{4}$，$ef\leqslant\frac{1}{4}$，$gh\leqslant\frac{1}{4}$.

上述四式相加得$ab+cd+ef+gh\leqslant\frac{1}{4}+$

$$\frac{1}{4}+\frac{1}{4}+\frac{1}{4}=1 \quad (4)$$

由此(3)与(4)矛盾.

故　此内接四边形必有一条边不小于$\frac{\sqrt{2}}{2}$.

注：此题也可用直接证法.

35. 证明： 假设$\angle A>\angle A'$不成立，则$\angle A=\angle A'$或$\angle A<\angle A'$

1°　若$\angle A=\angle A'$，又$AB=A'B'$，$AC=A'C'$

$\therefore \triangle ABC\cong\triangle A'B'C'$

$\therefore BC=B'C'$与题设$BC>B'C'$矛盾.

2°　若$\angle A<\angle A'$，以$A'C'$为底边，作$\triangle A'B''C'\cong\triangle ABC$，且使$B'$，$B''$在$A'C'$边的同侧，作$\angle B'A'B''$的平线交$B'C'$于$M$(如图4－6所示)，则

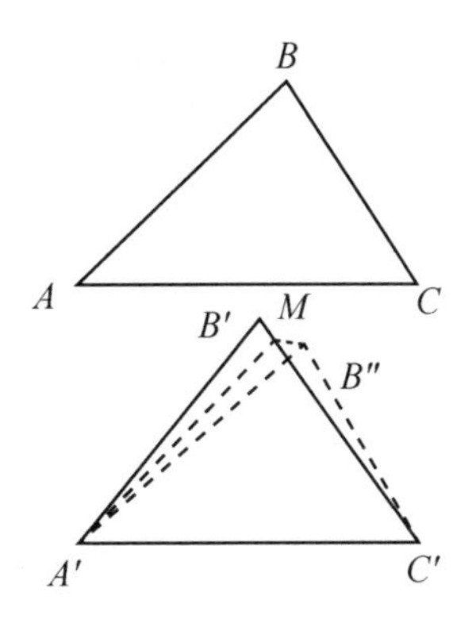

图4－6

$B'C'=B'M+MC'=B''M+MC'>B''C$

$\therefore B'C'>BC$与$BC>B'C'$矛盾.

若B''落在$\triangle A'B'C'$之内，彷前同样可得出矛盾.

故　若$BC>B'C'$，则$\angle A>\angle A'$.

36. 证明： 假设任意两个矩形的公共部分面积都小于$\frac{1}{9}$，将9个矩形任意编号，并用S_i表示从第一个矩形到第i个矩形所占的总面积，由于第二个矩形与第一个矩形公共部分面积小于$\frac{1}{9}$，因此$S_2>1+\frac{8}{9}$.

类似地，有 $S_3 > 1 + \frac{8}{9} + \frac{7}{9}$，…，$S_9 > 1 + \frac{8}{9} + \frac{7}{9} + \cdots + \frac{1}{9} = 5$.

这与已知条件矩形的面积为 5 矛盾.

故　原命题成立.

37. 解：三条弦把圆面分成的 7 部分的面积不能都相等.

假设这 7 部分的面积都相等，则每一弦分圆为两部分面积的比为 3∶4（如图 4－7 所示），易见任两弦相交，且关于过交点的直径对称，因而三条弦相等，并且相交成等边三角形. 将图形以 MN 为轴对折，不难看出，图中的第一部分可落在 $\overset{\frown}{FD}$ 以下的那一部分中，这与假设 7 部分面积都相等矛盾.

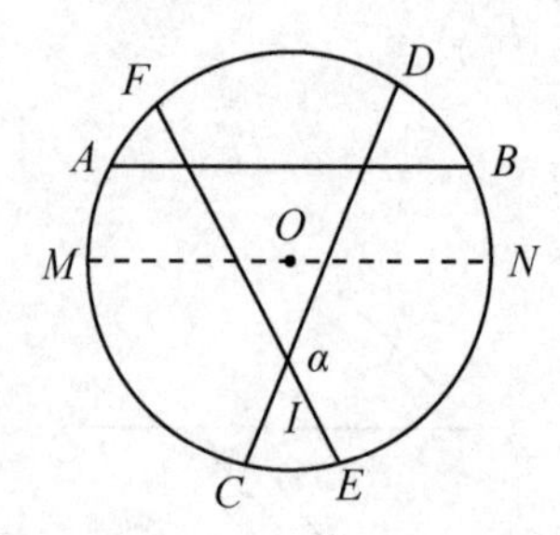

图 4－7

故　三条弦把圆面分成 7 部分的面积不能都相等.

38. 已知：$\angle 1$ 和 $\angle 2$ 是同位角，且 $\angle 1 = \angle 2$（如图 4－8 所示）.

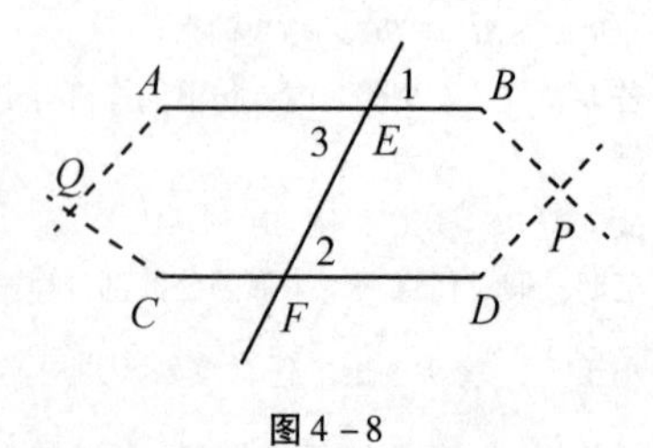

图 4－8

求证：$AB /\!/ CD$.

证明：假设 AB 与 CD 不平行.

1°　若 AB 与 CD 交于 EF 右边一点 P，得 $\triangle PEF$

由于 $\angle 1$ 是 $\triangle PEF$ 的外角. 得 $\angle 1 > \angle 2$，与已知矛盾.

2°　若 AB 与 CD 交于 EF 左边一点 Q. 得 $\triangle QEF$.

由于 $\angle 2$ 是 $\triangle QEF$ 的外角，得 $\angle 2 > \angle 3$，而 $\angle 1 = \angle 3$. $\therefore \angle 2 > \angle 1$，也与已知矛盾.

故　$AB /\!/ CD$.

39. 证明：如图 4－9 所示. 假设 L_1 和 L_2 不相交，则 $L_1 /\!/ L_2$.

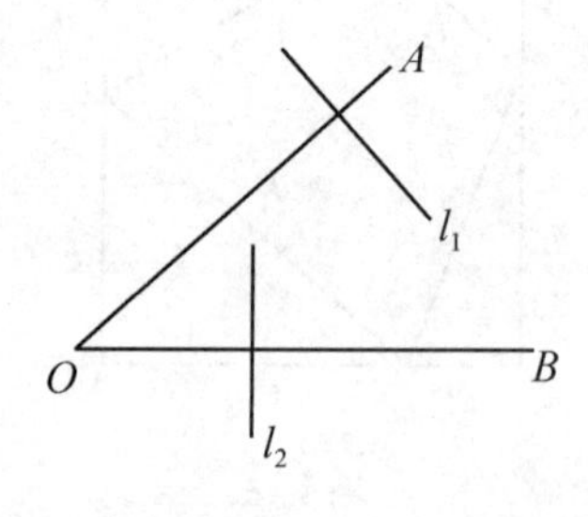

图 4－9

$\because L_1 \perp OA$，$\therefore L_2 \perp OA$. 又 $L_2 \perp OB$.

即通过 O 可做出的 OA，OB 两直线同时垂直于 L_2，因过一点 O 只能引一条直线与 L_2 垂直. OA 与 OB 重合或 A，O，B 三点共线，这与已知 $\angle AOB$ 是锐角矛盾，由此可见 $L_2 \perp OA$ 是不可能的.

故　L_1 与 L_2 必有相交.

40. 证明：如图 4－10 所示，由 PA 平分 $\angle BAC$ 可知 $AE = AF$. 由 $\overset{\frown}{PB} = \overset{\frown}{PC}$ 可得 $PC = PB$. 于是由 $\mathrm{Rt}\triangle PEB \cong \mathrm{Rt}\triangle PFC$ 知

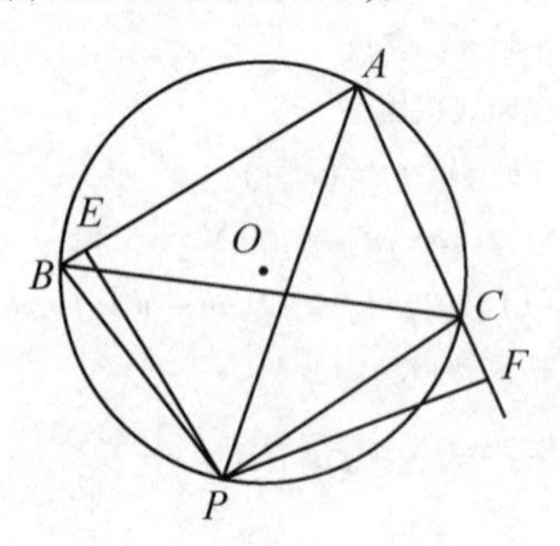

图 4－10

$BE=CF$.

假设 E，F 都在 AB 或 AC 上，则

$AB=AE+EB$ 及 $AC=AF+FC$. 因此有

$AB=AC$　与已知条件 $AB>AC$ 矛盾.

故　E 和 F 中至少有一个不在 $\triangle ABC$ 的边 AB 或 AC 上.

41. 证明：假设⊙ABT 与 Ox 不相切，则必有另一个交点 T'.

由切割线定理，可得 $OT \cdot OT' = OA \cdot OB$.

但 $OT^2 = OA \cdot OB$. $\therefore OT \cdot OT' = OT^2$.

$\therefore OT = OT'$. 即 T 与 OT' 重合，这与假设不相切矛盾.

故　⊙ABT 必与 Ox 相切于 T.

42. 证明：如图 4-11 所示，假设凸多边形 $ABCD$ 内有一点 P 不在以 AB，BC，CD，DA 为直径的圆内，连 PA，PB，PC，PD，则

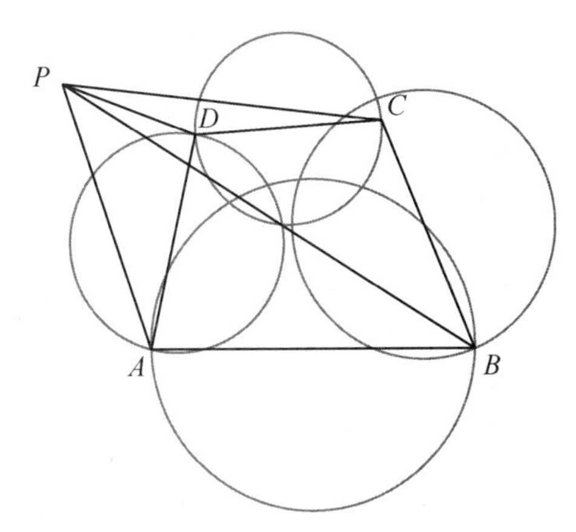

图 4-11

$\angle APB<90°$，$\angle BPC<90°$，$\angle CPD<90°$，$\angle DPA<90°$.

$\therefore \angle APB+\angle BPC+\angle CPD+\angle DPA$

$\angle 4\times 90°=360°$　　(1)

又点 P 是凸多边形 $ABCD$ 内一点.

$\therefore \angle APB+\angle BPC+\angle CPD+\angle DPA=360°$

这与（1）矛盾. $\therefore$ 点 P 不能在上述圆外.

故　原命题结论成立.

43. 证明：如图 4-12 所示，设 AB，CD 相交于 P 点，假设 EF 不通过 P 点，则 EP 的延长线交圆 O_2 于 G，交圆 O_3 于 H 点.

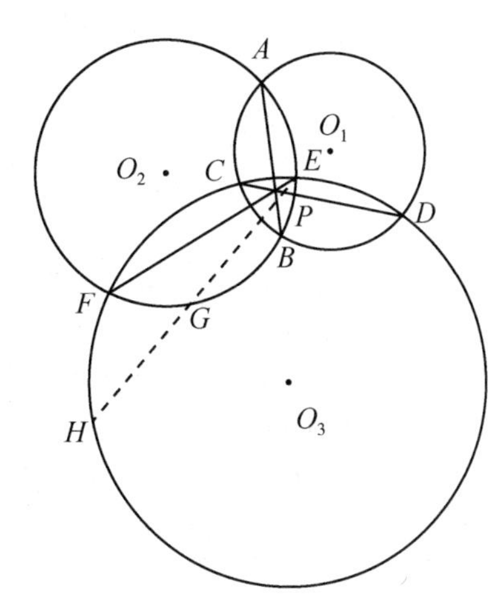

图 4-12

在圆 O_2 中，$PE \cdot PG = AP \cdot PB$.

在圆 O_3 中，$PE \cdot PH = PC \cdot PD$.

但在圆 O_1，中，$PA \cdot PB = PC \cdot PD$.

$\therefore PG=PH$. $\therefore G$ 点与 H 点是同一个点. 这与 G，H 是两个不同的点相矛盾.

$\therefore EF$ 通过 P 点.

故　AB，CD，EF 相交于一点.

44. 证明：如图 4-13 所示，设圆半径为 r，假设两两外切，其连心线为 $2r$.

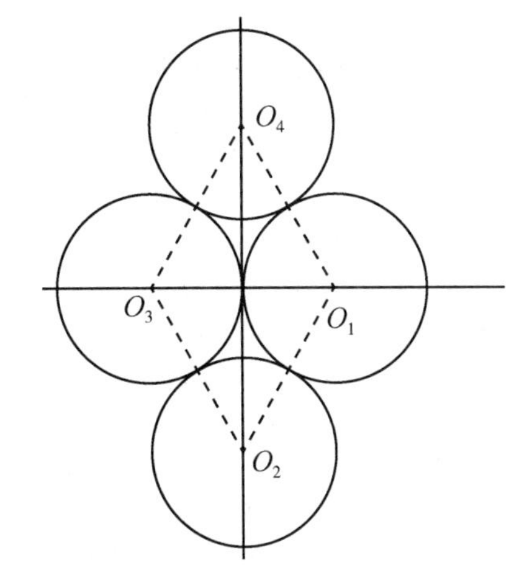

图 4-13

$\because$ 两两外切，$\therefore$ 圆 O_1、圆 O_2、圆 O_3 两两外切.

$\therefore \triangle O_1O_2O_3$ 为等边三角形，边长为 $2r$.

同理，$\triangle O_1O_3O_4$ 也为等边三角形，边长为 $2r$.

$\therefore \angle O_2O_1O_4=120°$.

$\therefore O_2O_4^2=O_1O_2^2+O_1O_4^2-2O_1O_2\times O_1O_4\times\cos120°$

$=(2r)^2+(2r)^2+(2r)(2r)=12r^2$

$\therefore O_2O_4=2\sqrt{3}r>2r$.

$\therefore$ 圆 O_2 与圆 O_4 不外切，与假设矛盾.

故　四个等圆不可能两两外切.

45. 证明：假设平面内有一点 M 同时在此六圆的内部，连 M 点和六个圆的圆心 O_1，O_2，O_3，O_4，O_5，O_6（如图 4－14 所示），则

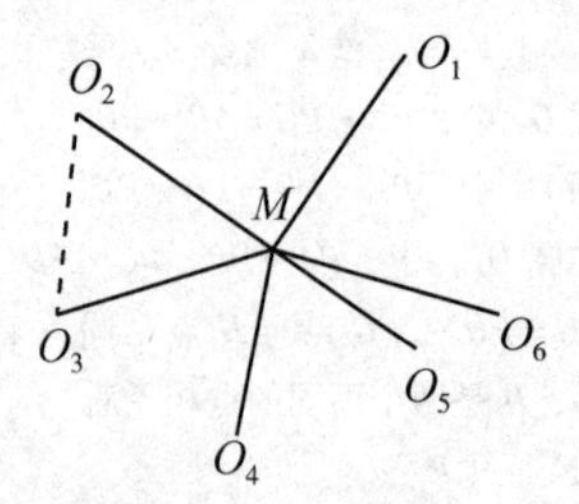

图 4－14

$\angle O_1MO_2+\angle O_2MO_3+\cdots+\angle O_6MO_1=360°$.

因此，其中至少有一个角不大于 60°，不妨设 $\angle O_2MO_3\leqslant60°$，而在 $\triangle O_2MO_3$ 中，

$\angle O_2MO_3+\angle MO_2O_3+\angle MO_3O_2=180°$.

故　$\angle MO_3O_2$，$\angle MO_2O_3$ 中必有一个角不小于 60°，不妨设 $\angle MO_3O_2\geqslant60°$. 则

$\angle MO_3O_2\geqslant\angle O_2MO_3$.

$\therefore O_2O_3\leqslant O_2M<r_2$（设 r_2 为圆 O_2 的半径）.

即 O_3 在圆 O_2 内，这与已知条件矛盾.

故　平面内任一点都不会同时在这六个圆的内部.

46. 证明：假设这四点既不共线，也不共圆，分别作 AB，CD 的垂直平分线 p，q. 若 p，q 交于 O 点，则 O 点是两个分别过 A，B 和 C，D 的同心圆的圆心，这两圆既不相交，又不重合（否则四点共圆）.

若 $p/\!/q$，令 L 为与 AB，CD 等距离的平行线，L 交 p，q 于 P，Q，则圆 ABP 和圆 CDQ 不相交（因为 p，q 不能重合，从而 P，Q 也不能重合），总之，都得出了矛盾.

故　这四点或者共线，或者共圆.

47. 证明：假设不然，有两个不同位置 O_1 和 O_2 都可以作为覆盖圆的圆心，能够放置两个半径为 R 的 $\odot O_1$ 和 $\odot O_2$ 都可以完全覆盖图形（如图 4－15 所示），那么 F 必被包含于 $\odot O_1$ 和 $\odot O_2$ 的公共部分中，以这两个圆的公共弦为直径作 $\odot O_3$.

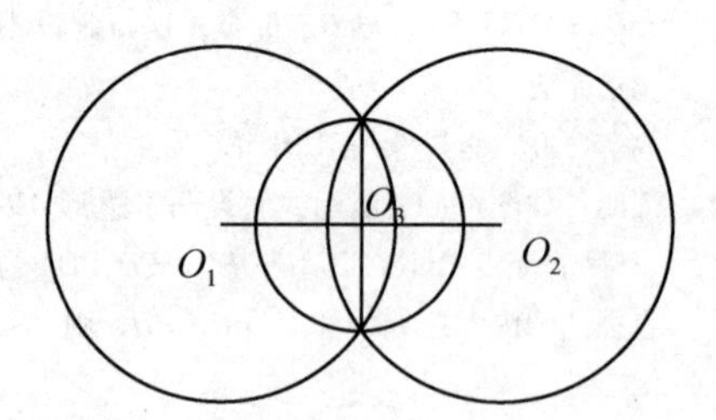

图 4－15

设圆心 O_1 和 O_2 到圆心 O_3 的距离为 h，则 $R>h$.

$\therefore R+h>R-h>0$.

$R^2-h^2=(R+h)(R-h)>(R-h)^2$.

故　$R-h<\sqrt{R^2-h^2}$，所以 $\odot O_3$ 可以覆盖图形 F，但 $\odot O_3$ 的直径是 $\odot O_1$ 和 $\odot O_2$ 的公共弦，可见 $\odot O_3$ 的半径小于 R，这和已知条件“F 不能被半径小于 R 的任何圆覆盖”矛盾.

故　覆盖 F 的半径为 R 的圆所置的圆心位置是唯一的.

48. 证明：如图 4－16 所示，设 M，P，N 及 Q 分别是凸四边形 $ABCD$ 四边 AB，BC，CD 及 DA 的中点，连接 MN，PQ 交于 O，且设 E 为对角线 AC 的中点.

假设 E 与 O 不重合，则

$EP+EQ\geqslant PQ$（E 在 PQ 上取等号），

$EM+EN\geqslant MN$（E 在 MB 上取等号）.

由于 E 与 O 不重合，所以 E 仅可能在 PQ 与 MN 两者之一内，因此 $EP+EQ+EM+EN>PQ+MN$. 又 ME 是 $\triangle ABC$ 的中位线

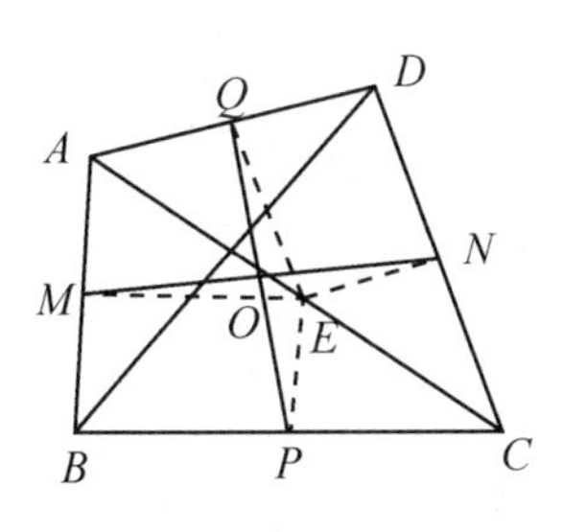

图 4－16

$\therefore EM=\frac{1}{2}BC=BP$. 同理 $EN=QD$. $EP=BM$，$EQ=ND$

$\therefore BP+QD+BM+ND>PQ+MN$

但 $BP+QD+BM+ND$ 恰是四边形 $ABCD$ 周长的一半. 这与题设条件矛盾.

所以 E 与 O 重合.

同理可证. 对角线 BD 的中点也与 O 重合.

所以四边形 $ABCD$ 两条对角线互相平分.

故　四边形 $ABCD$ 是平行四边形.

49. 证明：假设 $PQRS$ 不是平行四边形. 它的对角线便不能互相平分，即 OP，OR 与 OQ，OS 两对线段中至少有一对不相等，不妨设 $OP<OR$，$OQ\leqslant OS$，在线段 OR，OS 上分别取 $OR'=OP$，$OS'=OQ$，这时 $R'S'$ 与 OC 的交点 C' 就落在 $\triangle ORS$ 的内部（如图 4－17 所示）所以 $OC'<OC$，不难证明 $OA=OC'$.

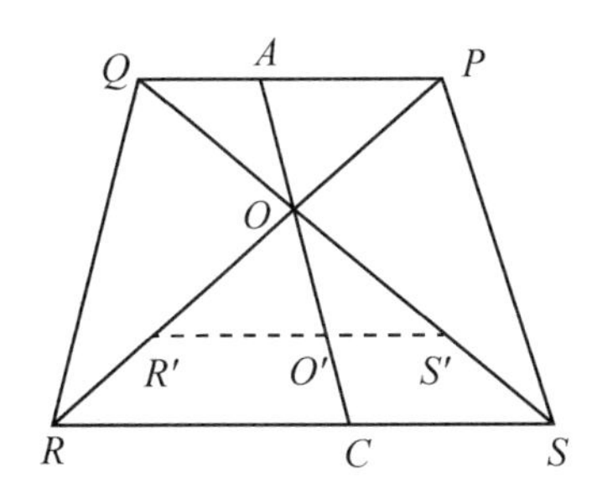

图 4－17

$\therefore OA<OC$，但 $ABCD$ 是平行四边形，

$OA=OC$，这与上式矛盾.

故　$PQRS$ 是平行四边形.

50. 证明：如图 4－18 所示涂色. 假设有一种剪法能剪出七个由相邻两个小正方形组成的矩形，那么每个矩形一定由一个涂色小正方形和一个不涂色小正方形构成。因此，应该有七个涂色小正方形和七个不涂色小正方形，但图形有八个涂色小正方形. 六个不涂色小正方形，因此，适合题意的剪法不存在. 故命题得证.

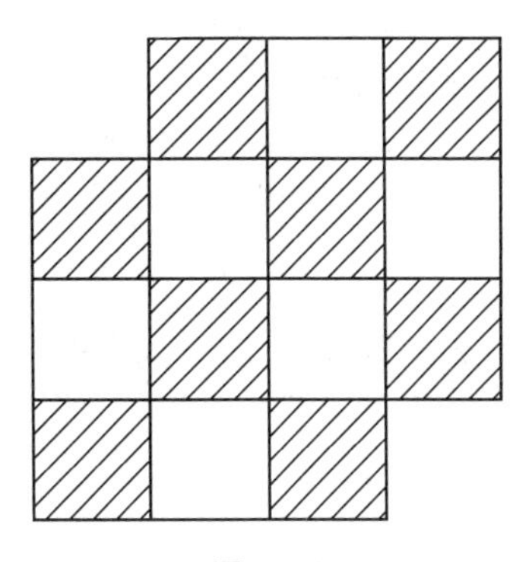

图 4－18

51. 证明：假设 b 与 c 共面，则 b 与 c 相交或平行，但已知 b 与 c 不相交，只有 $b/\!/c$，而 $a/\!/c$，

$\therefore a/\!/b$ 这与已知 a，b 是异面直线矛盾.

故　b 与 c 是异面直线.

52. 证明：如图 4－19 所示，设直线 $a/\!/$ 直线 b. 直线 c 与 a 相交于点 A.

假设 b，c 不是异面直线，则由题意 $b/\!/c$，从而 $a/\!/c$.

这与 a，c 相交于一点 A 矛盾.

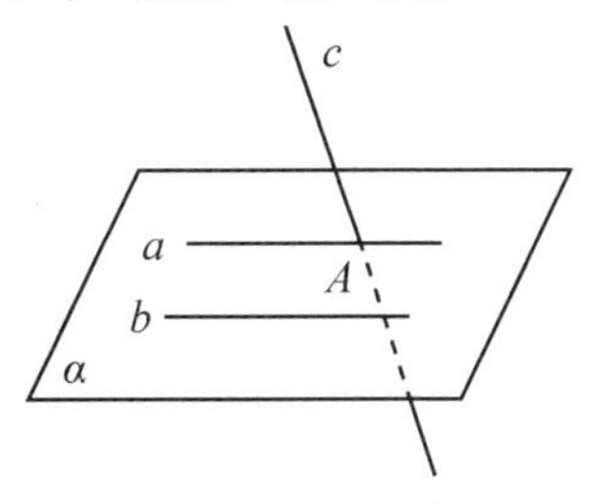

图 4－19

故　b，c 为异面直线.

53. 证明：假设 AC，BD 共面，则 A，B，C，D 共面，由此可得 AB，CD 共面，这与已知 AB，CD 是异面直线矛盾.

故　AC 和 BD 是异面直线.

同理可证 AD 和 BC 也是异面直线.

54. (1) **证明**：假设 MN 与 AB 共面，则 A，B，M，N 四点共面，从而 AM 与 BN 共面，即 a 与 b 共面，与已知条件矛盾.

故 MN 与 AB 为异面直线.

(2)、(3) 解略.

55. **证明**：如图 4－20 所示，假设直线 $a \not\parallel b$.

$\because a$，b 同在平面 P 内.

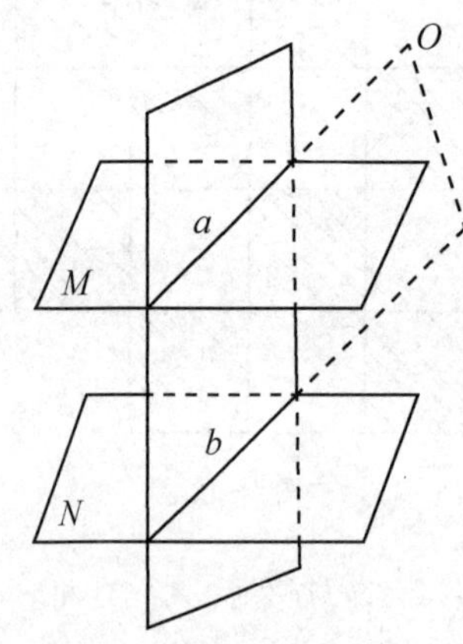

图 4－20

$\therefore a$，b 相交，设交点为 O.

$\because a$ 在平面 M 内，b 在平面 N 内.

$\therefore$ 点 O 既在平面 M 内又在平面 N 内.

即平面 M 与平面 N 有公共点 O，这与已知条件 $M /\!/ N$ 矛盾.

故　$a /\!/ b$.

56. **证明**：假设 l 不与平面 M 垂直. 如图 4－21 所示，在 l 上取一点 P（不同于 A 点），过点 P 作 $PO \perp$ 平面 M，O 为垂足.

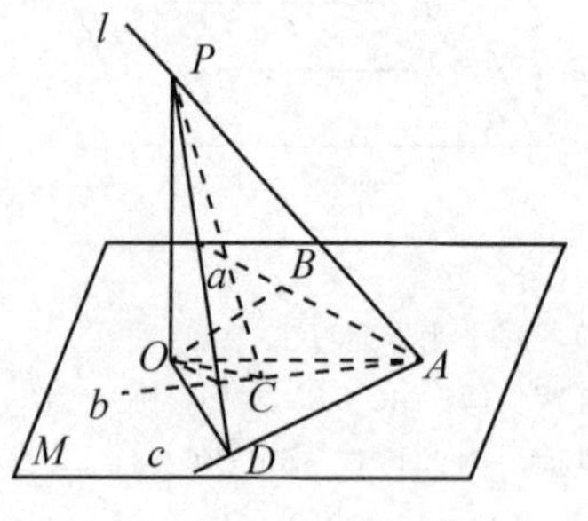

图 4－21

作 $PB \perp a$，$PC \perp b$，$PD \perp c$，B，C，D 为垂足.

由三垂线定理的逆定理知

$OC \perp b$，$OD \perp c$，$OB \perp a$

$\because l$ 与 a，b，c 成等角

即 $\angle PAB = \angle PAC = \angle PAD$. 又 PA 为公共边，

$\therefore \mathrm{Rt}\triangle PAB \cong \mathrm{Rt}\triangle PAC \cong \triangle PAD$

$\therefore PB = PC = PD$. 又 PO 为公共边.

$\therefore \mathrm{Rt}\triangle POB \cong \mathrm{Rt}\triangle POC \cong \mathrm{Rt}\triangle POD$.

$\therefore OB = OC = OD$.

因此 AO 为 $\angle BAC$ 与 $\angle BAD$ 的平分线.

$\therefore \angle OAC = \angle OAB = \angle OAD$. $\therefore b$ 与 c 重合，这与已知相矛盾.

故　直线 $l \perp$ 平面 M.

57. **证明**：设平面 M 和平面 N 都与直线 AB 垂直，如图 4－22 所示.

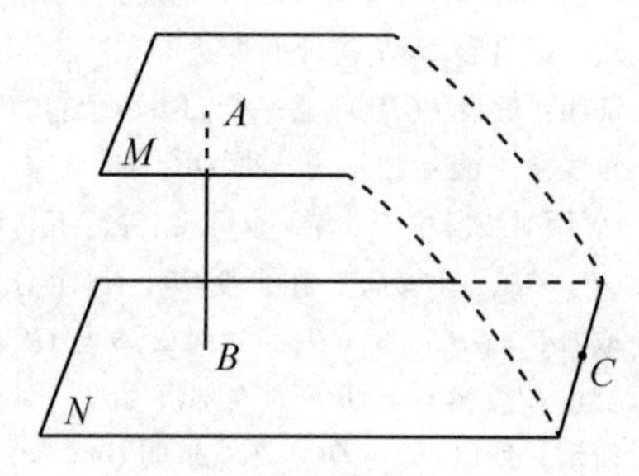

图 4－22

假设平面 M 与平面 N 相交，在其交线上取一点 C，于是过 C 点可作两个平面与已知直线 AB 垂直，这与已知定理矛盾.

故　平面 $M /\!/$ 平面 N.

58. (1) **证明**：假设 α 与 β 不相交，则 $\alpha /\!/ \beta$.

$\because a \perp \alpha$，$\therefore a \perp \beta$.

又 $b \perp \beta$，$\therefore a /\!/ b$　与 a 和 b 为异面直线矛盾.

故　平面 α，β 必定相交.

(2) 证明略.

59. **证明**：如图 4－23 所示，假设 A 点在侧面 PBC 的射影 A' 是 $\triangle PBC$ 的垂心，连 BA'，由 $BA' \perp PC$，得 $AB \perp PC$.

$\because PA \perp$ 底面 ABC，$\therefore PA \perp AB$.

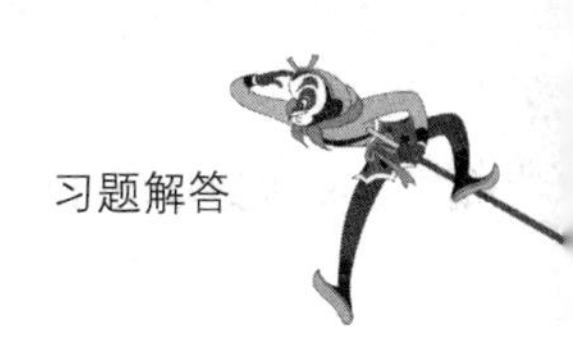

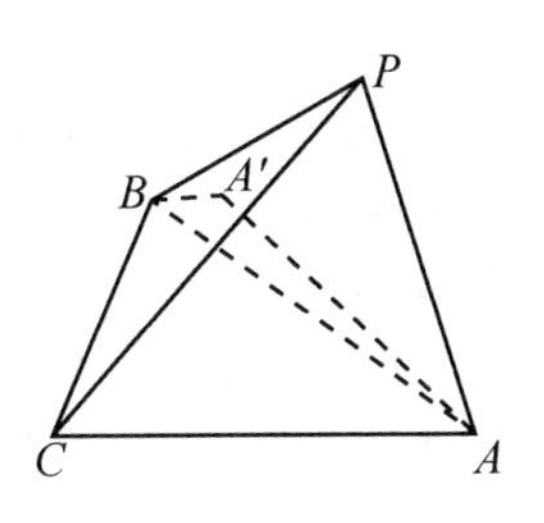

图 4－23

$\therefore AB \perp$ 平面 PCA.

于是有 $AB \perp AC$. 即 $\angle A = 90°$. 与已知 $\angle A \neq 90°$矛盾.

故 A'不是$\triangle PBC$ 的垂心.

60. 解：假设有这样四点存在，

$\because 13^2 > 10^2 + 8^2$

$\therefore \angle ACD > \frac{\pi}{2}$. $\angle BDC > \frac{\pi}{2}$.

过 A，B 两点分别作 CD 的垂线必交 CD 或 DC 的延长线于 A'，B'（如图 4－24 所示）.

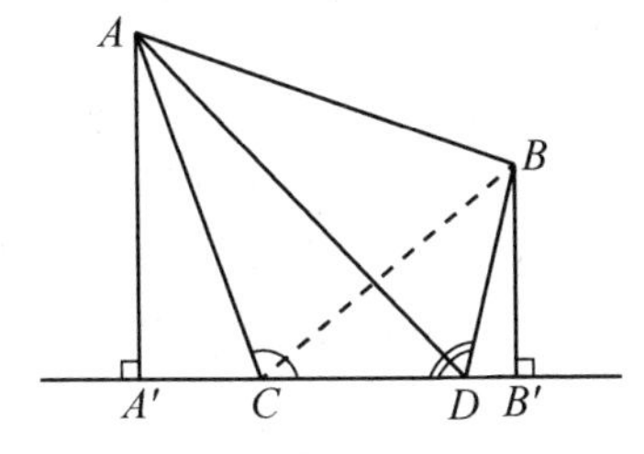

图 4－24

则 $AB \geqslant A'B' > CD = 8$，与题设矛盾.

故 这样的四点不存在.

61. 已知：直线 AB 是两条异面直线 AC 和 BD 的公垂线（如图 4－25 所示）.

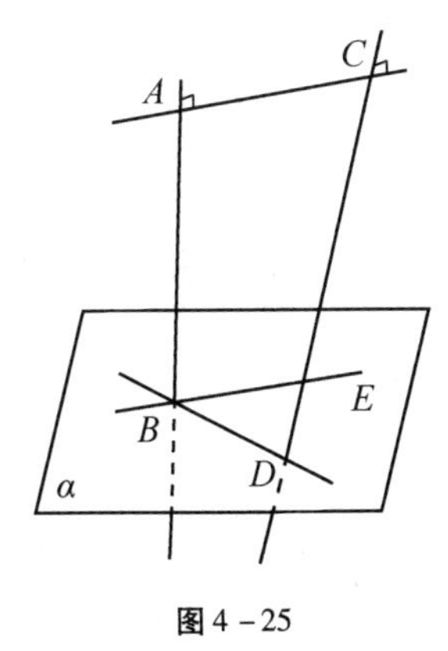

图 4－25

求证：异面直线 AC 与 BD 的公垂线只有一条.

证明：假设直线 AC 和 BD 的公垂线至少有两条 AB 和 CD，过点 B 作 $BE // AC$.

过直线 BD 和 BE 作平面 α.

$\because AB \perp AC$，$AC // BE$，$\therefore AB \perp BE$. 又 $AB \perp BD$，$BD \subset \alpha$. $BE \subset \alpha$.

$\therefore AB \perp \alpha$. 同理 $CD \perp \alpha$.

根据直线与平面垂直的性质知 $AB // CD$.

于是过 AB 和 CD 可确定一个平面，点 A，B，C，D 在同一个平面内，根据公理，直线 AC 和 BD 在同一平面内，与已知 AC 和 BD 为异面直线矛盾.

故 两条异面直线的公垂线是唯一的.

62. 证明：设空间四边形的对角 $\angle ACB = \angle ADB$，$\angle CAD = \angle CBD$.

若 $AC = BC$，$AD = BD$. 则显然 $AC = BD = BC = AD$.

故 假设 $AC \neq BC$，在此假定下用反证法证明 $BD = AC$（如图 4－26 所示）.

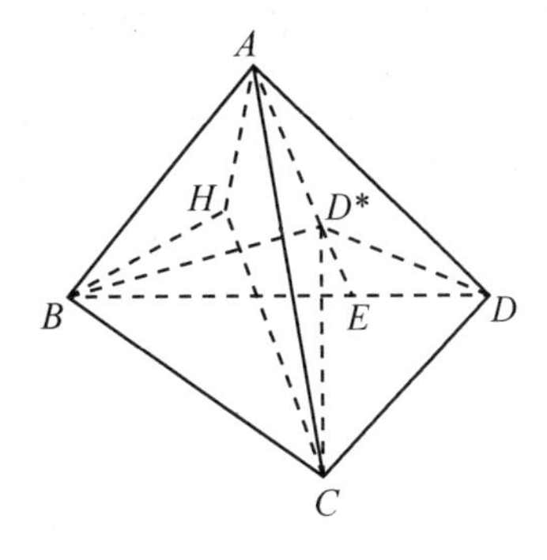

图 4－26

假设 $BD \neq AC$，则在 $\triangle ADB$ 的平面上存在唯一的一点 D^* 使 $BD^* = AC$，$AD^* = BC$，于是$\angle AD^*B = \angle ACB$. $\angle AD^*B = \angle ADB$.

而$\angle ACB = \angle ADB$.

$\therefore A$，D，D^*，B 四点共圆，设 E 为 AD^* 和 BD 的交点.

则$\angle DAE = \angle D^*BE$.

从$\triangle CD^*A \cong \triangle D^*CB$ 得

$\angle CAD^* = \angle CBD^*$，因而三面角 $A-CDD^*$ 和

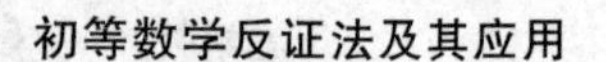

$B-CDD^*$ 可以重合.

于是直线 CA 与平面 ADB 的交角等于直线 CB 与平面 ADB 的交角，若 H 是 C 点至此平面的垂足，则 $\triangle CHA$，$\triangle CHB$ 是全等直角三角形，所以 $AC=CB$，这与假设 $AC\neq BC$ 矛盾. 故 $BD=AC$.

同样可证 $AD=BC$.

63. 证明：假设原函数 $f(x)$ 是周期函数，则存在非零常数 T，使得对任意 x，有 $f(x+T)=f(x)$，即

$\sin\frac{1}{x+T}=\sin\frac{1}{x}$.

于是得 $\frac{1}{x+T}=\frac{1}{x}+2k\pi$（$k$ 为整数）.

解之得 $T=-\frac{2k\pi x^2}{2k\pi x+1}$

令 $x=0$，得 $T=0$.

显见 T 依赖于 x，这与假设 T 是非零常数矛盾.

故 $f(x)=\sin\frac{1}{x}$ 不是周期函数.

64. 解：不一定. 例如 $\sin\sqrt{2}x$ 和 $\cos\sqrt{3}x$ 分别是以 $T_1=\frac{2\pi}{\sqrt{2}}$ 及 $T_2=\frac{2\pi}{\sqrt{3}}$ 为周期的周期函数，但 $y=\sin\sqrt{2}x+\cos\sqrt{3}x$ 不是周期函数. 因为假设它是周期函数. 则存在周期 p. 而 p 必满足

$p=k\cdot\frac{2\pi}{\sqrt{2}}=l\cdot\frac{2\pi}{\sqrt{3}}$（$k\in\mathbf{J}$）.

于是 $\frac{l}{k}=\sqrt{\frac{3}{2}}$，但 $\frac{l}{k}$ 是有理数. 而 $\sqrt{\frac{3}{2}}$ 是无理数. 所以该式不可能成立.

故 不存在这样的周期 p，即 $y=\sin\sqrt{2}x+\cos\sqrt{3}x$ 不是周期函数.

$\therefore$ 周期函数的和不一定是周期函数.

65. 证明：(1) 因为 $\sin(x+2\pi)=\sin x$. 所以 2π 是 $\sin x$ 的周期.

假设 2π 不是其最小正周期，则有满足 $0<l<2\pi$ 的数 l 存在，使得 $\sin(x+l)=\sin x$. 对于一切 x 都成立.

令 $x=\frac{\pi}{2}$，$\sin\left(\frac{\pi}{2}+l\right)=\sin\frac{\pi}{2}$. 即 $\cos l=1$.

但 $0<l<2\pi$，而小于 2π 的正角余弦都不等于 1，所以 $\cos l=1$ 是不可能的. 故 $\sin x$ 的最小正周期是 2π.

同理可证 $\cos x$ 的最小正周期是 2π.

(2) 因为 $\mathrm{tg}(x+\pi)=\mathrm{tg}x$，所以 π 是 $\mathrm{tg}x$ 的周期.

假设 π 不是 $\mathrm{tg}x$ 的最小正周期，则有满足 $0<l<\pi$ 的数 l 存在，使得 $\mathrm{tg}(x+l)=\mathrm{tg}x$ 对一切 x 的允许值都成立.

令 $x=0$，有 $\mathrm{tg}l=0$. 但小于 π 的正角的正切值都不为 0，所以，$\mathrm{tg}l=0$ 是不可能的.

故 $\mathrm{tg}x$ 的最小正周期是 π.

仿此可证 $\mathrm{ctg}x$ 的最小正周期是 π.

66. 证明：假设 $\sin\alpha+\sin\beta=\sin\nu$，则

$\because \alpha+\beta=\nu$，于是有

$\sin\alpha+\sin\beta=\sin\nu=\sin(\alpha+\beta)$.

即 $2\sin\frac{\alpha+\beta}{2}\cos\frac{\alpha-\beta}{2}=2\sin\frac{\alpha+\beta}{2}\cos\frac{\alpha+\beta}{2}$

又$\because \alpha$，β 都不等于 $2k\pi$，$\therefore \sin\frac{\alpha+\beta}{2}\neq 0$.

$\therefore \cos\frac{\alpha-\beta}{2}=\cos\frac{\alpha+\beta}{2}$，于是有 $\alpha-\beta=\alpha+\beta$

$\therefore \beta=0$ 与 β 不等于 $2k\pi$（$k\in\mathbf{Z}$）矛盾.

故 $\sin\alpha+\sin\beta\neq\sin\nu$.

67. 证明：假设 $\alpha<\beta$ 不成立，则 $\alpha=\beta$ 或 $\alpha>\beta$.

1° 若 $\alpha=\beta$ $(0,\frac{\pi}{2})$，则由已知得

$\sin 2\alpha=2\sin\alpha$，于是有 $\cos\alpha=1$. 与 $\alpha\in(0,\frac{\pi}{2})$ 矛盾.

2° 若 $\frac{\pi}{2}>\alpha>\beta>0$，则 $\sin\alpha>\sin\beta>0$ (1)

又 $2-\cos\beta>\cos\alpha>0$ (2)

由 (1)、(2) 得 $\sin\alpha(2-\cos\beta)>\sin\beta\cos\alpha$

于是有 $\sin(\alpha+\beta)<2\sin\alpha$ 与已知条件矛盾.

由 1°，2°知 $\alpha\geqslant\beta$ 不成立. 故 $\alpha<\beta$.

68. $5x^2+2x+3=(x^2+2x+1)+4x^2+2$

$=(x+1)^2+4x^2+2$

假设方程 $2\sin x=5x^2+2x+3$ 有实数解.

设其解为 x_1，则

$2\sin x_1 = (x_1+1)^2+4x_1^2+2$ (1)

$\because |\sin x_1| \leqslant 1$， $\therefore 2\sin x_1 \leqslant 2$.

而 $(x_1+1)^2 \geqslant 0$，$4x_1^2 \geqslant 0$，且 $(x_1+1)^2$ 与 $4x_1^2$ 中至少有一个为正值.

$\therefore (x_1+1)^2+4x_1^2+2>2$，(1) 式左右两边自相矛盾，不成立.

故　方程 $2\sin x = 5x^2+2x+3$ 无实数解.

69. 证明：假设 $\cos 10°$是有理数，则有

$\cos 30° = 4\cos^3 10° - 3\cos 10°$ (1)

$\because \cos 10°$是有理数. $\therefore 4\cos^3 10°$与 $3\cos 10°$都是有理数.

$\therefore 4\cos^3 10° - 3\cos 10°$也是有理数.

但 $\cos 30° = \dfrac{\sqrt{3}}{2}$是无理数. 于是 (1) 式两边一边是有理数，另一边是无理数，矛盾.

故　$\cos 10°$是无理数.

70. 证明：假设 $\theta = \arccos \dfrac{1}{p}$，且 $\theta = \dfrac{m}{n} \cdot \pi$，$\dfrac{m}{n}$是既约分数.

由 $\sin n\theta = C_n^1 \cos^{n-1}\theta\sin\theta - C_n^3\cos^{n-2}\theta\sin^3\theta + C_2^5\cos^{n-3}\theta\sin^5\theta - \cdots$

又 $\cos\theta = \dfrac{1}{p}$，$\sin\theta = \sqrt{1-\cos^2\theta} = \dfrac{\sqrt{p^2-1}}{p}$

$\sin n\theta = \sin\left(\dfrac{m}{n}\cdot\pi\right) = \sin m\pi = 0.$

$$\therefore 0 = \frac{\sqrt{p^2-1}}{p^n}\left[n - \frac{n(n-1)(n-2)}{3!}(p^2-1) + \frac{n(n-1)(n-2)(n-3)(n-4)}{5!}(p^2-1)^2 - \cdots\right]$$

因 $p \neq 1$. 所以$\dfrac{\sqrt{p^2-1}}{p} \neq 0$，因此上式括号内的和必等于零. 因除首项外，其余所有项都是偶数（因 p 为奇数，故 p^2-1 为偶数)，故首项也为偶数，所以 n 为偶数，$n=2k$ ($k \in \mathbf{N}$)，m 为奇数.

又由 $\cos k\theta = \cos^k\theta - C_k^2\cos^{k-2}\theta\sin^2\theta + C_k^4\cos^{k-4}\cdot\sin^4\theta - \cdots$

$\cos\theta = \dfrac{1}{p}$，$\sin\theta = \dfrac{\sqrt{p^2-1}}{p}$.

$\cos k\theta = \cos\dfrac{n}{2}\left(\dfrac{m}{n}\cdot\pi\right) = \cos\left(m\cdot\dfrac{\pi}{2}\right) = 0$

$\therefore 0 = \dfrac{1}{p^k}\left[1 - C_k^2(p^2-1) + C_k^4(p^2-1)^2 - \cdots\right]$

右式括弧内除首项为 1 外，其余都为偶数. 故其和为奇数，而不可能为0.

故　对于任意大于 1 的奇数 p，

$\arccos\dfrac{1}{p} \neq \dfrac{m}{n}\cdot\pi$. 其中$\dfrac{m}{n}$是既约分数.

71. 证明：假设一正三角形三个顶点的坐标 (x_1, y_1)，(x_2, y_2)，(x_3, y_3) 都是有理数，则它的面积

$\dfrac{1}{2}\begin{vmatrix} x_1 & y_1 & 1 \\ x_2 & y_2 & 1 \\ x_3 & y_3 & 1 \end{vmatrix}$的绝对值必定是有理数.

又正三角形的面积为$\dfrac{\sqrt{3}}{4}a^2$，其中 a 为边长，而边长的平方为 $(x_1-x_2)^2+(y_1-y_2)^2$ 也是有理数，因此，$\dfrac{\sqrt{3}}{4}a^2$ 为无理数，即这个正三角形的面积又为无理数，从而得出矛盾，所以假设是错误的.

故　三个顶点坐标都是有理数的正三角是不存在的.

72. 证明：通过平移使三角形的一顶点为新原点 O，则其他两顶点 A，B 的坐标仍为整数 (m_1, n_1)，(m_2, n_2).

假设此三角形为正三角形，则

$$\mathrm{tg}\angle AOB = \mathrm{tg}60° = \sqrt{3} = \frac{\dfrac{n_2}{m_2} - \dfrac{n_1}{m_1}}{1 + \dfrac{n_1}{m_1}\cdot\dfrac{n_2}{m_2}} = \frac{m_1n_2 - m_2n_1}{m_1m_2 + n_1n_2}.$$

$\because m_1$，m_2，n_1，n_2 均为整数，

$\therefore \dfrac{m_1n_2 - m_2n_1}{m_1m_2 + n_1n_2}$为有理数. 而$\sqrt{3}$为无理数，有理数不可能等于无理数，得出矛盾，证明假设是错误的.

故　格点三角形不可能是正三角形.

73. 证明：假设 l_1，l_2，l_3 为覆盖整个数轴的半

直线，而选不出两条半直线覆盖数轴.

$\because l_2$，l_3 不能覆盖数轴，故在数轴上必有一点 P_1 不在 l_2 和 l_3 上，但由于 l_1，l_2，l_3 覆盖数轴. $\therefore P_1$ 必在 l_1 上.

同理，数轴上有点 P_2，P_3 分别只在 l_2，l_3 上.

考虑 P_1，P_2，P_3 在数轴上的位置，必有一点居中，不妨设 P_2 在 P_1，P_3 之间，那么半直线 l_2 必还包含 P_1，P_3 中的某一点，这就推出矛盾.

故 l_1，l_2，l_3 中定能选出两条半直线覆盖数轴.

74. 证明：设抛物线的方程是 $y^2=2px$（$p\neq 0$）.

假设抛物线有渐近线，渐近线的方程是 $y=ax+b$，易知 a，b 都不为 0，因为渐近线与抛物线相切于无穷远点，于是方程组

$$\begin{cases} y^2=2px & (1) \\ y=ax+b & (2) \end{cases}$$

的两组解的倒数都为 0.

将（2）代入（1），得

$$a^2x^2+2(ab-p)x+b^2=0. \quad (3)$$

设 x_1，x_2 是（3）的两个根，由韦达定理知

$$x_1+x_2=-\frac{2(ab-p)}{a^2}，\ x_1x_2=\frac{b^2}{a^2}.$$

则 $$\frac{1}{x_1}+\frac{1}{x_2}=\frac{x_1+x_2}{x_1x_2}=\frac{-2(ab-p)}{b^2}=0 \quad (4)$$

$$\frac{1}{x_1}\cdot\frac{1}{x_2}=\frac{a^2}{b^2}=0 \quad (5)$$

由（4）、（5）可推得 $p=0$，这与假设 $p\neq 0$ 矛盾.

故 抛物线没有渐近线.

习 题 三

1. 答：这些判断都是假的，从逻辑上分析，多数是用错量项，有的用错联项.

（1）因为在同一直线上的三点不能确定一个圆，所以这个判断是假的.

（2）因为不同半径的两圆中的弦相等但弦心距不等，所以这个判断是假的.

（3）因为两条异面直线不在同一平面内. 所以这个判断是假的.

（4）因为两条平行线没有公共点，但它们不是异面直线，所以这个判断是假的.

（5）因为 $\frac{1}{2}$ 是实数，$2\times\frac{1}{2}=1$，而 1 是奇数. 所以这个判断是假的.

（6）因为 0 是实数，0 的任何偶次幂都等于 0，所以这个判断是假的.

（7）因为 $y=A$（A 为常数）的图像为平行于 x 轴的一条直线，但 $y=A$ 不是一次函数，所以这个判断是假的.

（8）因为 $\alpha=2k\pi\pm\frac{\pi}{2}$（$k\in\mathbf{Z}$）时，$\mathrm{tg}\alpha$ 不存在，自然 $\mathrm{tg}\alpha=\frac{\sin\alpha}{\cos\alpha}$ 这个式子亦不成立，所以这个判断也是假的.

2. 答：（1）逆命题：若方程 $ax^2+bx+c=0$（$a\neq 0$）有两相等实根，则 $b^2-4ac=0$（真）.

否命题：若 $b^2-4ac\neq 0$，则方程 $ax^2+bx+c=0$（$a\neq 0$）没有两相等实根（真）.

逆否命题：若方程 $ax^2+bx+c=0$（$a\neq 0$）没有两相等实根. 则 $b^2-4ac\neq 0$（真）.

（2）逆命题：如果两个三角形等积，那么这两个三角形全等（假）.

否命题：如果两个三角形不全等，那么这两个三角形不等积（假）.

逆否命题：如果两个三角形不等积，那么这两个三角形不全等（真）.

3. 解：（1）

A	B	$\overline{A}$	$\overline{B}$	$\overline{A} \vee \overline{B}$
1	1	0	0	0
1	0	0	1	1
0	1	1	0	1
0	0	1	1	1

（2）

A	B	$\overline{A}$	$\overline{B}$	$\overline{A} \wedge \overline{B}$
1	1	0	0	0
1	0	0	1	0
0	1	1	0	0
0	0	1	1	1

4. 证明：（1）$A_1 \wedge A_2 \to B$ 与 $\overline{B} \to \overline{A}_1 \vee \overline{A}_2$ 的真值表为：

A_1	A_2	B	$\overline{A}_1$	$\overline{A}_2$	$\overline{B}$	$A_1 \wedge A_2$	$\overline{A}_1 \vee \overline{A}_2$	$A_1 \wedge A_2 \to B$	$\overline{B} \to \overline{A}_1 \vee \overline{A}_2$
1	1	1	0	0	0	1	0	1	1
1	1	0	0	0	1	1	0	0	0
1	0	1	0	1	0	0	1	1	1
1	0	0	0	1	1	0	1	1	1
0	1	1	1	0	0	0	1	1	1
0	1	0	1	0	1	0	1	1	1
0	0	1	1	1	0	0	1	1	1
0	0	0	1	1	1	0	1	1	1

$\therefore A_1 \wedge A_2 \to B \equiv \overline{B} \to \overline{A}_1 \vee \overline{A}_2$.

（2）$\overline{A}_1 \wedge A_2 \to B$ 与 $A_1 \wedge \overline{B} \to \overline{A}_2$ 的真值表为：

A_1	A_2	B	$\overline{A}_2$	$\overline{B}$	$A_1 \wedge A_2$	$A_1 \wedge \overline{B}$	$A_1 \wedge A_2 \to B$	$A_1 \wedge \overline{B} \to \overline{A}_2$
1	1	1	0	0	1	0	1	1
1	1	0	0	1	1	1	0	0
1	0	1	1	0	0	0	1	1
1	0	0	1	1	0	1	1	1
0	1	1	0	0	0	0	1	1
0	1	0	0	1	0	0	1	1
0	0	1	1	0	0	0	1	1
0	0	0	1	1	0	0	1	1

$\therefore A_1 \wedge A_2 \to B \equiv A_1 \wedge \overline{B} \to \overline{A}_2$.

参考文献

[1] 唐秀颖. 数学题解辞典（立体几何）［M］. 上海：上海辞书出版社，1992.

[2] 唐秀颖. 数学题解辞典（三角）［M］. 上海：上海辞书出版社，1988.

[3] 唐秀颖. 数学题解辞典（平面解析几何）［M］. 上海：上海辞书出版社，1988.

[4] 江志，邓习坤，张文玉. 高中数学竞赛二十二讲［M］. 郑州：河南教育出版社，1989.

[5] 熊大寅，等. 初等数学综合讲练［M］. 武汉：湖北教育出版社，1984.

[6] 蔡道法. 中学数学解题方法与技巧［M］. 合肥：安徽教育出版社，1983.

[7] 杭州大学数学系《中学数学竞赛习题》编写组. 中学数学竞赛习题［M］. 上海：上海教育出版社，1979.

[8] 王兰，等. 高中数学精编——代数　第一册［M］. 杭州：浙江教育出版社，1989.

[9] 北京市海淀区教师进修学校. 数学复习与题解［M］. 北京：水利电力出版社，1983.

[10] 翟连林. 代数双基训练［M］. 北京：中国农业机械出版社，1985.

[11] 翟连林，等. 中学数学题集［M］. 北京：科学出版社，1980.

[12] 倪正勇，等. 高中数学能力的培养与评估［M］. 武汉：华中师范大学出版社，1988.

[13] 上海数学会.《中学科技编辑部》中学数学竞赛辅导讲座［M］. 上海：上海教育出版社，1980.

[14] 孙玉清. 反证法［M］. 上海：上海教育出版社，1986.

[15] 赵振威. 中学数学与逻辑［M］. 南京：江苏人民出版社，1978.